속보!
환경뉴스,
지금 시작합니다

속속들이 보여 주는 환경 이슈 27

속보! 환경 뉴스, 지금 시작합니다

그린포스트코리아 글 · 최명미 그림

책 머리에

지구에 사는 생명체는 '함께 살아갈 때' 모두 '잘 살 수' 있습니다

공룡이 얼마나 인기가 많은지는 서점에 가 보면 금방 알 수 있어요. 이름난 큰 서점의 어린이 코너에 가면 온갖 공룡이 여러분을 기다리고 있을 거예요. 당연히 실제 공룡은 아니고요. 공룡 이야기를 담은 책들이 눈에 띄는 맨 앞자리를 차지하고 있다는 말입니다. 티라노사우루스, 브라키오사우루스, 트리케라톱스 등 그림만 봐도 어마어마하게 덩치가 큰 공룡들이 책 표지를 장식하고는 얼른 읽어 보라고 손짓합니다.

하지만 우리는 실제 공룡을 볼 수는 없어요. 공룡은 인류가 지구상에 나타나기 훨씬 전에 멸종했기 때문이에요. 약 2억 3000만 년 전에 처음으로 나타나서 1억 6500만 년 정도 지구의 최강자로 군림하다가 한순간에 사라졌어요. 과학자들은 지금으로부터 6500만 년 전에 공룡이 멸종되었다고 말합니다. 인류가 처음 등장한 건 약 600만 년 전이니까, 공룡이 멸종한 시기와는 5900만 년이나 차이가 납니다. 그러니 공룡과 인류가 지구에서 함께 살았던 시기는 없었습니다.

과학자들은 공룡이 멸종한 원인을 우주 공간에서 날아온 소행성과 지구가 충돌했기 때문이라고 설명합니다. 지름이 6~14킬로미터쯤 되는 소행성이 지구와 부딪치면서 지구 환경에 엄청난 변화가 생겨났습니다. 소행성의 충돌로 부서진 뜨거운 암석 조각들이 비처럼 쏟아지면서 지구 전 지역에 산불을 냈고, 암석에 있던 엄청난 양의 황 성분이 대기에 퍼지면서 햇빛을 막았다고 합니다. 먼지와 황이 마치 커튼처럼 지구 표면을 덮으면서 햇빛을 막는 바람에 지구의 기온이 순식간에 크게 떨어져 더 이상 생명체가 살 수 없게 된 거죠. 땅 위에서 사는 생물의 75퍼센트가 사라지는 대멸종이 일어나 공룡도 한순간에 자취를 감춘 것입니다. 우리는 이 일을 다섯 번째 멸종 사건이라고 부릅니다.

그런데 문제가 하나 있습니다. 지구상에서 거의 모든 생명체가 사라지는 대멸종이 또 일어날지도 모른다는 아주 불길한 소식이 끊임없이 들려오기 때문입니다. 영화에서 보니까, 지구를 향해 날아오는 소행성 같은 건 우주 공간에서 파괴하면 되는데 무슨 대멸종이냐고요? 맞아요. 소행성이 날아오는 건 현재의 과학 기술로 어떻게든 막거나, 아니면 충돌하더라도 지구에 미치는 영향을 최대한 줄이는 방법을 찾을 수 있을지도 모릅니다. 이렇게 외부에서 비롯된 요인이라면 그나마 다행이지요. 하지만 과학자들이 앞으로 발생할지도 모른다고 걱정하는 여섯 번째 대멸종은 바로 우리가 원인이라는 점에서 문제가 심각합니다.

"우리가 원인"이라는 말은, 바로 우리가 지구에 나쁜 영향을 주는 행위를 쉼 없이 하기 때문에 결국 대멸종이라는 끔찍한 대재앙을 맞을 수도 있다는 뜻입니다. 지금 우리가 하는 행동들이 지구의 멸종을 부른다니, 도저히 상상이 안 되지요? 우리가 무슨 힘이 있어서 우리 스스로를 멸종시킨다는 말일까요? 이처럼 몹시 비관적으로 이야기하는 과학자들은 두 가지 측면에서 근거를 제시합니다. 하나는 우리가 온실가스를 끊임없이 내뿜어서 지구를 갈수록 뜨겁게 만든다는 점, 또 하나는 지구에 사는 다른 생명체들을 괴롭혀서 살지 못하게 만들고 있다는 점입니다.

온실가스로 인해 지구가 걷잡을 수 없을 정도로 뜨거워지면, 6500만 년 전 공룡의 멸종을 불러왔던 상태가 됩니다. 지구 곳곳에서 초대형 산불이 일어나고, 남북극의 빙하가 모두 녹으면서 바닷물 높이가 급격하게 올라가 전 세계의 많은 지역이 물에 잠깁니다. 사람이 살 수 있는 땅이 크게 줄어드는 데다, 사람들은 점점 뜨거워지는 공기를 견디기 어려운 지경이 됩니다. 에어컨으로 더위를 식히면 되지 않냐고요? 맞습니다. 그런데 에어컨을 점점 세게 틀면 그만큼 전기가 많이 들어가고, 그 전기를 만들어 내기 위해서는 더 많은 온실가스를 배출해야 합니다. 그러면 지구는 더욱 뜨거워지겠죠? 많은 과학자들이 지구의 평균 기온이 지금보다 1.5~2도만 더 올라가면 이런 비극적인 일이 일어날 수 있다고 생각합니다. 결국에는 지구에서 사람이 살 수 없을 거라고 예측하는 것이지요.

우리와 함께 지구에서 살고 있는 다른 동식물이 하나둘씩 사라지는 건 대멸종과 무슨 관계가 있을까요? 사실 '만물의 영장'이라는 우리 인간은 그동안 다른 동식물과 함께 사는 일에 관심을 두지 않았고, 함부로 죽이거나 없애도 된다고 생각했습니다. 그래서 수많은 동식물이 지구에서 완전히 자취를 감추었습니다. 하지만 지구에 사는 생명체는 '함께 살아갈 때' 모두 '잘 살 수' 있습니다. 우리와 전혀 관련이 없어 보이는 동식물이 실제로는 우리가 계속 살아갈 수 있도록 도와줍니다. 눈에 보이든 보이지 않든 지구에 사는 모든 생명체는 긴밀하게 연결되어 있어, 만일 다른 생명체들이 하나둘씩 사라지면 결국 사람도 사라지고 말 것입니다. 한번 상상해 볼까요? 지구에서 다른 모든 생명체가 사라지고 인간만 덩그러니 남아 있는 모습을. 이런 상황이 오지 않게 우리는 다른 동식물을 잘 보살피고 함께 살 수 있도록 세심하게 배려해야 합니다.

이 책은 지구에 사는 모든 생명체가 사라지는 여섯 번째 대멸종을 막기 위해 우리가 해야 할 일을 알려 주는 안내서입니다. 지구촌에 크게 영향을 끼치는 기후 위기를 극복하려면 우리가 어떻게 행동해야 하는지를 가르쳐 주는 내용들을 담았습니다. 왜 플라스틱 사용을 줄여야 하는지, 배부르다고 밥을 남기고 마구 버려서는 왜 안 되는지, 일회용 종이컵보다는 텀블러를 써야 하는 이유가 무엇인지 등 우리가 생활하면서 지구 환경을 위해 해야 할 일과 해서는 안 되는 일들을 하나하나 짚었습니다. 지구를 멸종 위기에서 구하기 위해서는 아쉽지만 게임도 조금 줄여야 하고, 우유 팩도 잘 씻어서 제대로 말려야 합니다. 이런 작은 노력들이 모이면 큰 힘이 되어 지구가 뜨거워지는 것을 막을 수 있습니다. 우리가 이렇게 노력해야만 큰 기업체도 온실가스 배출을 줄이기 위해 더욱 애쓸 것이고, 우리나라를 비롯한 세계 여러 나라가 지혜를 모아 함께 대처해 나 갈 수 있습니다.

환경을 생각하기는 아주 쉽습니다. 하지만 습관을 들여 생활에서 실천하기는 어렵습니다. 이 책은 다 알고 있는 것 같지만 제대로 알지 못하는 것, 지금까지 알던 것보다 더 깊이 있게 알아야 하는 것들을 어린이의 눈높이에 맞춰 쉽게 풀어 놓았습니다. 이 책의 재료가 된 글은 환경경제신문《그린포스트코리아》의 '아이에게 읽어주는 환경뉴스'라는 장기 연재물입니다. 연재물을 기획하면서 처음으로 했던 생각은 '아이에게 읽어 주기만 하면 되도록' 환경 관련 뉴스와 정보를 잘 전달하자는 것이었습니다. 따라서 이 책은 어린이가 혼자 읽어도 되고, 부모님이 자녀들에게 동화책을 읽어 주듯이 읽어 주어도 됩니다. 그런 의미에서 이 책이 가족이 함께 환경 의식을 깨우치고 친환경 생활을 실천하도록 이끄는 첫 번째 안내서로 읽히기를 바랍니다. 장기 기획물을 연재하느라 애쓴 이한 기자에게 이 자리를 빌려 감사의 말을 전합니다.

그린포스트코리아 대표 김기정

차례

책 머리에 ------ 4

1 지구 생태계

너무 덥고 비도 많이 와요. 왜 그런 거죠? ------ 16
기후 변화와 달라지는 날씨의 영향

오래전 공룡처럼… 사람들도 사라질 수 있나요? ------ 22
기후 변화에 대응하는 생활 속 실천

자꾸 더워지는 날씨… 산불로 지구가 위험해요 ------ 27
기후 변화로 건조해지는 지구

하늘 봐도 안 보이는데… 미세먼지가 뭐예요? ------ 32
미세먼지 문제

탄소 배출·탄소 중립… 그게 뭐예요? ------ 37
탄소 배출과 탄소 중립

일본 바닷물이 우리나라에 오나요? ------ 43
후쿠시마 오염수 문제

2 우리의 환경, 에너지

깨끗한 수돗물 잘 나오는데… 물은 왜 중요한가요? ---------- 50
물 관리와 수질 오염의 중요성

자동차에서는 뭐가 나오나요? ---------- 55
배출 가스의 기후 영향

쓰레기 버리면 어디로 가나요? ---------- 60
자원 순환의 중요성

자동차도 스마트폰처럼 충전한다고요? ---------- 65
배출 가스 문제에서 자유로운 전기 자동차

택배는 환경에 좋은가요, 나쁜가요? ---------- 70
택배 상자 속 쓰레기와 재활용품

햇빛으로 에어컨 켤 수 있나요? ---------- 75
화석 연료와 재생 에너지, 에너지 절약

3 다양한 쓰레기

배부른데, 밥 남기면 안 되나요? ---------- 82
음식물 쓰레기 줄여야 하는 이유

깨끗하고 가벼운 비닐 봉투… 편리한데, 왜 나빠요? ---------- 87
일회용 비닐 봉투 사용 문제

플라스틱 나쁘다면서… 텀블러가 왜 일회용 컵보다 좋은가요? ---- 91
텀블러와 일회용 컵 '리바운드 효과'

음료수 사 먹었는데, 페트병 어떻게 버려요? ---------- 96
PET 분리배출 방법

플라스틱은 환경에 얼마나 나쁜가요? ---------- 101
플라스틱 줄이기

쓰레기봉투에도 이름이 있나요? ---------- 106
쓰레기 종량제

빨대가 없으면 어떻게 마셔요? ---------- 111
일회용 빨대가 환경에 미치는 영향

집에서 일회용을 찾아보세요! ---------- 115
일회용품 사용 줄이는 법

과자 봉지는 어떻게 버리나요? ---------- 120
과자 봉지의 에너지 재활용

4 분리수거 실천 방법

박스랑 종이는 어떻게 나눠서 버리나요? ---------- 126
꼼꼼한 분리배출의 중요성

작아진 옷, 그냥 버리면 안 될까요? ---------- 131
패션이 환경에 미치는 영향

쓰레기는 왜 나눠서 버려야 하나요? ---------- 136
쓰레기 분리배출

깨진 그릇은 어떻게 버릴까요? ---------- 141
깨진 유리나 도자기 그릇 버리는 법

택배 상자 열어 봤나요? ---------- 146
골판지 등 상자류 분리배출

겨울 간식과 크리스마스트리… 어떻게 버리나요? ---------- 151
포장재와 오염된 종이 분리배출

1

속속들이 보여 주는 **환경 이슈 27**
지구 생태계

1 지구 생태계

너무 덥고 비도 많이 와요. 왜 그런 거죠?

— 기후 변화와 달라지는 날씨의 영향

우리나라에는 1년 동안 얼마나 많은 비가 내릴까요? 신기하게도 우리나라에는 봄, 여름, 가을, 겨울의 4계절이 있어서 기온과 강수량, 그리고 바람이 계절에 따라 다 다릅니다. 특히 여름철에 비가 자주 내리기 때문에 1년 중 강수량이 가장 많지요.

여러분은 비 오는 날 좋아하나요? 아니면 비가 내리면 밖에 나갈 수 없어서 기분이 좋지 않은가요? 그래도 비가 내리는 건 아주 중요한 일입니다. 꽃을 가꾸고 화분을 키우려면 물을 줘야 하잖아요. 또 비가 와서 땅이 촉촉해져야 농작물도 잘 자랄

수 있지요. 그래서 적당히 내리는 비는 지구에 꼭 필요합니다.

그런데 여름철에는 비가 제법 많이 내려요. 비가 한꺼번에 너무 많이 내려서 땅이 물에 막 잠기기도 하지요. 작은 화분에 물을 너무 많이 주어서 화분 옆으로 물이 넘친 것처럼 말이에요. 왜 이렇게 비가 많이 올까요? 그 이유는 요즘 날씨가 이상해서 그래요. 날씨가 '균형'이 안 맞아서요.

균형이라는 말이 무슨 뜻인지 아시나요? 여러분, 자동차가 어떻게 생겼는지 한번 생각해 보세요. 바퀴가 네 개 달려 있죠? 앞에 두 개, 뒤에 두 개 달렸잖아요. 바퀴가 잘 굴러가야 자동차가 앞으로 가죠. 그런데 빨리 달리고 싶어서 앞바퀴 한 개만 크게 만들면 어떻게 될까요? 그러면 차가 삐뚤어지겠죠? 한쪽만 크고 다른 쪽은 작으니까요. 자동차가 잘 달리려면 '균형'이 맞는 게 중요해요. 왼쪽 바퀴랑 오른쪽 바퀴, 그리고 앞바퀴랑 뒷바퀴가 똑같아야 돼요.

집에 나무젓가락이 있으면 손가락 위에 올려놓아 보세요. 가운데를 잘 맞춰서 올려 두면 떨어지지 않는데, 한쪽으로 너무 많이 치우치면 그대로 떨어지고 말아요. 이런 게 바로 '균형'입니다. 한쪽이 너무 많거나 너무 적지 않게 균형을 잘 잡는 게 좋아요.

날씨도 마찬가지입니다. 지나치게 더운 것도, 반대로 엄청나게 추운 것도 모두 좋지 않아요. 덥거나 추워서 우리 몸이 힘들고 불편하기도 하지만, 날씨가 점점 나빠지면서 사람이나 동물이 살기 어려운 환경으로 변할 수도 있거든요.

우리가 사는 지구는 햇빛을 받아서 따뜻해집니다. 낮에는 뜨거워지고 밤에는 다시 식어요. 햇빛을 많이 받아서 땅이 더워지면 뜨거워진 공기가 하늘로 올라가요. 그 공기는 지구 밖으로 빠져나가기도 하고, 하늘에 머물러 있기도 하죠.

지구에는 눈에 보이지 않는 온실가스가 있어요. 대기를 오염시켜 지구 온난화를 일으키는 이 가스가 지구를 감싸고 있는데, 뜨거운 공기가 온실가스랑 만나서 우주로 빠져나가지 않고 하늘에 떠 있는 거예요. 온실가스가 없으면 뜨거운 공기가 전부 우주로 날아가서 지구가 너무 추워지죠. 반대로 온실가스가 지나치게 많으면 지구가 너무 뜨거워져요. 그래서 온실가스가 적당히, 자동차의 네 바퀴처럼 균형을 맞춘 상태로 있어야 하는데, 요즘은 온실가스가 예전보다 훨씬 많아졌어요.

뜨거우면 어떤 일이 생길까요? 얼음이나 아이스크림이 녹겠죠? 마찬가지로 지구가 뜨거워지면 남극과 북극의 빙하도 녹아요. 얼음이 녹으면 물이 되잖아요? 그런 것처럼 빙하가 녹으면 바닷물이 너무 많아져서 섬나라 같은 곳은 물에 잠길 수도 있어요.

지구가 심하게 더워져서 날씨의 균형이 깨지면, 갑자기 비가 너무 많이 오거나 또는 너무 적게 오기도 해요. 바람이 심하게

불기도 하고, 겨울에 엄청나게 추워지거나 눈이 펑펑 내리기도 하죠. 봄에 펴야 하는 꽃이 여름에 피기도 하고요. 적당히 따뜻한 공기가 아니라 너무 더운 공기가 한곳에만 오래 머물면서 다른 곳 날씨도 마구 변한 거예요.

　여러분, 곰 좋아하세요? 온몸에 하얀 털이 촘촘히 나 있고, 코와 입술, 발톱은 검은색인 북극곰은 어떤가요? 북극곰은 얼음이 많고 날씨가 추운 곳에 사는데, 그곳 날씨가 점점 더워지면서 이 곰들이 많이 위험해졌어요. 나중에 여러분이 어른이 되면, 그때쯤에는 북극곰이 모두 없어질 수도 있대요. 북극곰이 없어지면 그 곰과 함께 지내는 다른 동물들도 위험하겠죠? 북극곰이 집을 잃지 않게, 날씨가 균형을 잘 맞출 수 있도록 여러분도 가족들과 함께 환경을 지키기 위해 열심히 노력해 주세요.

이상 기후의 의미

'이상 기후'는 기온이나 강수량 등 날씨가 정상적인 상태를 벗어난 기후를 말한다. 실제로 기상청이 2021년 4월에 지난 109년 동안 기후가 변화한 경향을 분석해서 발표했는데, 그 결과 최근 우리나라는 여름이 20일 길어지고 겨울이 22일 짧아졌다. 당시 기상청은 "기온이 오랜 기간에 걸쳐 변화해 최근 30년은 과거 30년에 비해 연평균 기온이 1.6℃ 올라갔다"고 밝혔다. 비가 내리는 경향도 달라졌다. 최근 30년은 과거 30년에 비해 연 강수량이 135.4㎜ 늘었고, 반대로 강수일수는 21.2일 줄었다. 기상청은 "109년 동안 연 강수량은 10년마다 17.71㎜씩 늘어나는 데 비해 강수일수는 줄어들면서 강수강도는 강해지는 양상을 보인다"고 밝혔다.

- **연 강수량**: 1년 동안 일정한 지역에 비나 눈, 우박 등의 형태로 내린 물의 전체 양.
- **강수일수**: 비나 눈, 우박 따위가 내린 날의 전체 일수.

이상 기후가 생태계에 미치는 영향

날씨는 생태계와 먹거리에 많은 영향을 미친다. 최근 우리나라는 여름이 길어지고 더워지면서 30℃가 넘는 높은 온도가 이어져 농작물 피해가 발생하는 일이 잦아졌다. 이에 따라 농작물 재배지도 바뀌었다. 통계청은 지난 2018년에 발표한 '기후 변화에 따른 주요 농작물 주산지 이동 현황'이라는 자료에서, "기온 상승으로 주요 농작물의 주산지가 남부 지방에서 충북, 강원 지역 등 북쪽으로 올라갔다"고 밝혔다. 실제로 제주도의 대표 작물이던 감귤이 전남 고흥 등 남해안에서 재배되고 있으며, 인삼 주요 산지는 충남과 경북에서 경기와 강원으로 이동했다. 이와 더불어 불쾌지수가 높아지면서 가축이 갑자기 죽는 일이 발생할 확률이 커지고, 날씨가 뜨거워지면서 바닷물 온도가 올라가면 물고기들이 갑자기 죽는 피해도 늘어날 수 있다.

1 지구 생태계

오래전 공룡처럼…
사람들도
사라질 수 있나요?

─ 기후 변화에 대응하는 생활 속 실천

여러분, 공룡 좋아하세요? 공룡은 우리가 지구에 살기 훨씬 전부터 지구에 살고 있었어요. 그런데 지금은 공룡들이 전부 사라졌죠. 커다란 공룡들은 모두 어디로 갔을까요?

과학자들은 오래전에 지구에 큰 사고가 일어나서 공룡들이 모두 목숨을 잃었다고 생각하고 있어요. 너무 오래전 일이어서 무슨 일이 있었는지는 정확히 몰라요. 스마트폰이나 컴퓨터가 없던 아주 오랜 옛날이다 보니, 그 시절 일들이 영상으로 남아 있지 않거든요. 공룡들이 사라진 건 6500만 년 전이에요. 65년도 아니고, 650년도 아니고, 6500만 년이에요. 여러분 부모님이나 할아버지, 할머니 연세가 어떻게 되나요? 어른들의 연세와 비교해 보면 6500만 년이 얼마나 긴 시간인지 짐작이 가지요?

과학자들은 우주에서 커다란 운석이 날아와 지구와 부딪혔을 가능성이 있다고 말해요. '운석'이란 지구의 대기권 안으로 들어온 유성(별똥)이 다 타지 않고 땅에 떨어진 거예요. 큰 운석이 지구랑 부딪히면서 크게 폭발했고, 폭발하면서 생긴 불길이나 잿더미가 지구를 뒤덮어서 살기 어려워졌대요.

그러면 지금 우리가 사는 지구는 어떨까요? 지구에도 갑자기 큰 사고가 생겨서 사람이 살 수 없는 곳으로 변할 수도 있을까요? 물론 그런 일은 잘 일어나지 않아요. 하지만 과학자들이나 환경 운동가들은 지구가 계속 더워지면 나중에는 그런 일이 생길 수도 있다고 경고해요.

지구가 너무 더워지면 남극이나 북극에 있는 빙하가 녹아요. 그러면 그곳에 사는 북극곰이나 펭귄들은 살 곳을 잃고, 얼음이 녹아서 바닷물이 많아지면 바닷가 마을이나 섬나라들은 물에 잠길 수도 있죠. 오래전에 지구에 존재하다가 지금은 없어진 바이러스 같은 게 빙하 속에 묻혔을 수도 있는데, 녹으면서 그런 것들이 환경에 나쁜 영향을 줄 수도 있어요.

그러니까 지금 중요한 건, 지구가 많이 더워지지 않게 만드는 일입니다. 봄이 지나고 여름이 오면서 자연스럽게 더워지는 건 괜찮아요. 하지만 예전과 비교해서 너무 더워지면 안 되거든요.

지구는 햇볕을 받으면 따뜻해져요. 낮에는 뜨거워지고 밤에는 식죠. 햇볕을 받아서 땅이 더워지면 뜨거운 열기가 하늘로 올라가요. 그 열기 중 일부는 우주로 빠져나가고, 일부는 온실가스에 흡수돼서 공기 중에 머물러 있어요.

온실가스는 지구를 감싸고 있는 기체예요. 이산화탄소, 메탄, 이산화질소 따위의 가스를 말하지요. 이 기체가 없으면 지구가 너무 추워지므로 온실가스는 꼭 필요해요. 이런 온실가스는 그 양이 적당해야 하는데, 요즘은 너무 많아서 지구가 더워지는 거예요. 온실가스가 많아지면, 더운 열기가 우주로 빠져나가지 못하고 우리 주변에 머물러서 점점 뜨거워지거든요.

온실가스를 줄이려면 우리가 쓰레기를 많이 버리지 말아야 해요. 일회용품 사용을 줄이는 게 좋죠. 물건을 만들거나 쓰레기를 처리하는 과정에서 온실가스가 생기거든요. 물건을 아껴 쓰고 덜 버리면 온실가스를 줄일 수 있어요.

또 집에서 전기를 많이 쓰지 않게 조심하세요. 전기를 만드는 과정에서도 온실가스가 생기거든요. 사람들이 모두 온실가스를 줄이려고 노력하면, 지구는 오래오래 건강할 거예요.

지구 온난화 원인과 해결 방안

오래전에 땅속에 묻힌 생물들이 물과 압력 등의 영향을 받아 화석처럼 굳어져 연료로 이용할 수 있게 된 것을 '화석 연료'라고 한다. 화석 연료에는 석탄, 석유, 천연가스 등이 있는데, 인류의 활동이 많아지면서 이와 같은 화석 연료 사용을 비롯해 탄소 배출량이 늘어나고 대기 중의 탄소 농도가 높아져 지구의 평균 온도가 올라간다. 온실가스는 지구를 둘러싸고 있는 기체고, 탄소는 대표적인 온실가스 가운데 하나다. 대기 중에 이산화 탄소 같은 온실가스가 많아지면 지구의 열기가 밖으로 빠져나가지 못하고 붙잡혀 있어서 그 열기로 지구의 기온이 올라간다. 대기 중의 탄소 농도를 낮추고 지구의 평균 기온이 올라가는 범위를 억제하기 위해서는 탄소 배출을 줄여야 한다.

 ## 기온 상승으로 멸종하는 동물들

'멸종'은 생물의 한 종류가 완전히 사라지는 것을 뜻한다. 오랜 옛날에 살았던 동물 가운데 공룡이나 매머드는 멸종되어 지금은 볼 수 없다. 멸종 위기에 놓이는 원인은 다양하다. 기온 상승 같은 기후 변화로 생태계의 균형이 파괴되고 다른 나라의 생물이 들어오거나, 허가 받지 않고 몰래 함부로 하는 사냥 등으로 서식지(사는 곳)를 잃거나 개체가 감소하면 멸종될 위기에 놓인다.

2021년 12월 20일 현재 환경부 국립생물자원관 '한반도의 생물다양성' 홈페이지에 따르면, 멸종 위기에 놓인 야생 동물은 267종이다. 현재 멸종 위기에 처한 야생 생물인 1급이 60종, 현재는 아니지만 가까운 미래에 멸종 위기에 처할 위험이 있는 야생 생물인 2급이 207종이다. 늑대와 반달가슴곰, 사향노루, 수달, 두루미 등이 멸종 위기 1급이고, 물개와 물범, 삵, 하늘다람쥐, 뜸부기와 구렁이 등은 2급으로 지정되어 있다.

1 지구 생태계

자꾸 더워지는 날씨…
산불로 지구가 위험해요

— 기후 변화로 건조해지는 지구

산에 가 본 적 있나요? 아니면 사진이나 영상으로 산을 본 적 있나요? 산이 어떻게 생겼는지 생각해 보세요. 거기에는 건물이나 자동차 대신 나무나 숲이 많아요. 동물도 많이 살죠. 산에 사는 사람도 있지만, 사람보다는 동물이나 식물이 많은 곳이 바로 산이에요.

봄철에 특히 산에서 불이 많이 나요. 기후 변화로 강수량과 강수일수가 줄어들면서 대기(공기)가 건조한 봄에 산불이 일어날 가능성이 더 높은 거죠. 불이 나면 소방관들이 소화기로 얼

른 불을 끄면 되는데, 산에는 불에 잘 타는 나무와 풀이 많고 소방서도 멀리 떨어져 있어서 불이 크게 번지는 경우가 많아요. 나무가 많으니까 소방관들이 불을 끄러 가기도 어렵고요.

불은 물이 있으면 잘 꺼져요. 불이 붙었을 때 물을 많이 끼얹으면 금방 꺼지거든요. 차갑고 부드러운 물이 뜨겁고 거센 불보다 강해서 그렇다고 할 수 있어요. 불에 잘 타는 물건도 물에 담갔다 꺼내면 불이 잘 안 붙어요. 텔레비전에서 나뭇가지나 나무토막을 가지고 모닥불을 피우는 모습을 혹시 본 적 있나요? 그때 비가 내리거나 나무가 젖어 있으면 불이 잘 안 붙거든요.

반대로 물이 하나도 없이 바짝 마른 상태면 불이 잘 붙어요. 모닥불 피울 때도 나무에 물기가 없으면 불을 쉽게 붙일 수 있어요.

그러면 산에 불이 났을 때는 어떨까요? 산도 똑같아요. 나무나 풀에 물기가 많으면 불이 잘 안 붙지만, 물기 없이 말라 있으면 불이 더 빨리 붙고 크게 타오를 수 있어요.

요즘 온실가스 양이 많아지면서 지구의 온도가 점점 높아지고 있어요. 지구가 뜨거워지면서 물기가 없어 건조한 날도 많아졌지요. 말라서 습기가 없거나 아주 적은 것을 '건조하다'고 해요. 빨래를 말릴 때 넣는 기계도 '건조기'라고 부르잖아요. 이렇게 날씨가 건조해지면서 불이 한번 붙으면 잘 안 꺼지고 더 많이, 더 오래 타죠. 그래서 곳곳에서 크고 작은 산불이 많이 일어나요.

캥거루와 코알라가 많이 사는 호주라는 나라가 있어요. 오스트레일리아 대륙의 대부분을 차지하는 호주는 캥거루와 코알라뿐 아니라 에뮤, 코카투 앵무새 등 세계에서 가장 희귀한 토종 동물을 볼 수 있는 곳이기도 해요. 그런 호주에 산불이 크게 났는데, 불이 얼른 꺼지지 않아서 코알라들이 많이 죽고 캥거루들이 살 곳을 잃었대요. 나무도 대부분 타 버리고, 불타면서 생긴 연기 때문에 사람들도 고생을 많이 했지요.

이런 산불은 미국에서도 일어났어요. 동물과 나무가 정말 많은 아마존 정글에서도 큰불이 났고요. 불이 많이 나면서 동물들이 죽거나 다치고, 나무와 숲이 사라지고, 그 연기 때문에 사람들은 더러운 공기를 마시게 돼요. 그래서 산불이 일어나지 않도록 조심해야 해요.

사람들이 쓰레기를 아무 데나 마구 버리거나 전기를 많이 써도 지구가 더워지고 건조해질 수 있어요. 그러면 또 불이 나서 캥거루나 코알라들이 아플 수 있고요. 불은 우리를 따뜻하게 해 주기도 하지만 다른 곳에 옮겨붙으면 정말로 무섭고 위험하거든요.

지구가 덥고 건조해지지 않게 하려면 어떻게 해야 좋은지, 여러분이 할 수 있는 일은 무엇인지 가족들과 함께 얘기해 보면 어떨까요?

탄소 배출량 줄이기

집에서 탄소 배출량을 줄이려면 친환경 생활 습관을 실천하면 된다. 쓰레기를 너무 많이 버리지 말고, 한 번 쓰고 버리는 물건 대신 튼튼하고 오래가는 물건을 쓰는 게 좋다. 컴퓨터나 텔레비전은 안 볼 때는 끄고, 물도 아껴 쓰면 탄소 배출을 줄일 수 있다. 음식을 남기지 않고 깨끗하게 먹는 것도 좋은 방법이다. 휴지나 물티슈 등도 아껴 써야 한다. 한 번 쓰고 버리게 만들어진 일회용품 대신 여러 번 쓸 수 있는 다회용품을 주로 사용하고, 어쩔 수 없이 일회용품을 써야 한다면 위생에 문제가 없는 선에서 다시 쓰거나 정해진 방법에 따라 잘 버려야 한다.

1 지구 생태계

하늘 봐도 안 보이는데…
미세먼지가 뭐예요?

—— 미세먼지 문제

창문을 열고 하늘을 한번 보세요. 하늘이 무슨 색인가요. 파란색인가요? 아니면 다른 색인가요? 비가 올 때는 하늘의 색깔이 달라져요. 햇빛이 많은 날이랑 그렇지 않은 날도 달라지고요. 밤이 되면 하늘이 까매지죠. 그럼 지금 하늘에는 뭐가 있을까요?

하늘에는 구름이 있고, 해도 있고, 또 달도 있죠. 그리고 먼지도 있어요. 혹시 '미세먼지가 많다'는 얘기 들어 봤나요? 요즘에는 사람들이 코로나19 때문에 매일 마스크를 쓰지만, 예전에는 미세먼지가 많은 날 마스크를 썼어요. 숨을 쉴 때 하늘에 떠 있는 먼지가 우리 몸속으로 들어오지 않게 하려고요.

날씨가 맑고 하늘이 파래도 미세먼지가 많은 날이 있어요. 먼지는 너무 작아서 원래 눈에 안 보이거든요. 그런데 미세먼지는 아주 작은 점보다 더 작은 먼지예요. '미세'가 '눈으로 구별하기 어려울 만큼 매우 가늘고 작다'는 뜻인데, 그것보다 더 작은 '초미세'먼지도 있어요. 이런 것들이 하늘에 둥둥 떠다니는 날이 있는데, 눈에 잘 안 보이니까 위험하죠.

먼지는 옷이나 이불을 탈탈 털 때 나와요. 모래가 깔린 놀이터에서 뛰어다닐 때 뿌옇게 날리는 것도 먼지고요. 자동차가 달릴 때나 공장에서 물건을 만들 때도 나오죠. 사막에서 모래가 바람에 날리거나 공장 굴뚝에서 나온 먼지들이 하늘로 날아다닐 수 있는데, 아주 작은 먼지가 평소보다 더 많은 날 '미세먼지 농도가 심하다'고 말해요.

모래가 바람에 막 날리는 걸 본 적 있나요? 그 앞에 있으면 눈이 따갑고, 먼지를 삼키면 목도 아프죠. 눈에 보이지 않을 만큼 작은 먼지는 주위에 떠다녀도 잘 모르는데, 많이 떠다니는 날에는 똑같이 눈이 아프거나 목이 아플 수 있어요. 먼지가 우리 몸속으로 들어와서요.

미세먼지가 많은 날은 밖에 나가지 말고 집에 있는 게 좋아요. 미세먼지가 얼마큼 있는지는 기사에도 자주 나오고 스마

트폰 앱으로도 알아볼 수 있거든요. 그러니까 앞으로는 그날 미세먼지 상태가 어떤지 가족들이랑 한 번씩 찾아보세요.

미세먼지를 많이 삼키지 않는 것도 중요하지만, 미세먼지가 많이 날아다니지 않게 만드는 것도 중요해요. 공기가 깨끗하면 사람들이 마음 놓고 매일 나갈 수 있잖아요. 그래서 자동차에서 먼지가 덜 나오게 만들거나, 공장에서도 먼지가 덜 나게 하는 방법들을 많이 연구해요. 광활한 사막에 바람이 불어도 모래가 덜 날리도록 나무를 심기도 하고요.

사람은 숨을 쉬지 않으면 살 수 없어요. 숨을 쉴 때마다 우리 몸에는 공기가 계속 들어오고요. 그래서 먼지가 많으면 안 되는 거죠. 깨끗한 공기를 마셔야 건강하잖아요. 그러니까 공기가 깨끗해질 수 있게 여러분도 힘을 보태 주세요.

미세먼지·초미세먼지

미세먼지는 대기 중에 떠다니는 먼지 입자(알갱이)들로, 눈에 보이지 않을 정도로 아주 작다. 입자 지름이 10마이크로미터(μm) 이하인 먼지는 미세먼지(PM10), 입자 지름이 2.5마이크로미터 이하인 먼지는 초미세먼지(PM2.5)라고 부른다. 미세먼지는 대부분 자동차, 발전소, 보일러 등에서 연료를 태워 발생하는 배출 물질이 주요 원인이 되어 생겨나며, 공사장이나 도로에서 날리는 먼지도 포함된다. 미세먼지에는 중금속이나 건강에 해로운 영향을 끼치는 화학 물질이 들어 있어 호흡기에 영향을 준다. 호흡기를 통해 몸속으로 들어가 폐에 달라붙거나 혈관을 따라 몸 안으로 이동해서 뇌질환이나 심장 질환을 일으킬 수 있다.

국립환경과학원에서는 미세먼지를 농도에 따라 '좋음', '보통', '나쁨', '매우 나쁨'의 상태로 구분한다. '보통'의 경우 호흡기가 안 좋은 사람은 특히 조심해야 하고, '나쁨'일 때는 건강한 사람도 오랜 시간 밖에서 무리한 활동은 하지 않는 것이 좋으며, '매우 나쁨'일 때는 가능하면 실외 활동을 하지 말라고 권장하고 있다.

1 지구 생태계

탄소 배출·
탄소 중립…
그게 뭐예요?

CO_2

— 탄소 배출과 탄소 중립

지구가 더워져서 북극곰과 펭귄이 위험하다는 얘기 들어 봤나요? 지구가 왜 더워질까요? 햇볕을 받으면 우리 몸이 따뜻해지죠? 그런 것처럼 지구도 낮에는 햇볕 때문에 뜨거워지고 밤에는 식는데, 햇볕을 받아 땅이 더워지면 뜨거운 열이 하늘로 올라가요. 그 열은 우주까지 날아가기도 하고, 온실가스에 막혀 하늘에 둥둥 떠 있기도 하지요.

온실가스는 지구가 내보내는 태양 에너지를 대기 중에 가두어 지구를 따뜻히게 감싸 주는 기체예요. 만일 이 가스가 없으면 지구가 너무 추워지기 때문에 온실가스는 꼭 필요해요. 그런데 요즘 온실가스의 양이 적당하지 않고 너무 많아서 지구가 더워지는 거예요.

온실가스는 종류가 많은데, 그 가운데 가장 유명한 건 탄소예요. 탄소는 공기처럼 눈에 보이지 않지만, 지구에 아주 많아요. 사람의 몸무게를 재 보면 그중에 탄소가 차지하는 무게도 꽤 많대요. 그래서 탄소 자체가 나쁜 건 아니에요.

요즘 '탄소 배출'이나 '탄소 중립' 같은 어려운 얘기들이 뉴스 기사에 많이 나와서 쉽게 들을 수 있을 거예요. 그게 대체 무슨 말일까요?

탄소에는 두 종류가 있는데, 그중 하나가 이산화탄소예요. 사람이나 동물이 숨을 쉬면서 공기를 들이마실 때는 산소를 먹고, 내쉴 때는 이산화탄소가 나와요. 그런데 탄소는 사람이 숨 쉴 때만 나오는 게 아니라 자동차가 달리거나 공장에서 물건을 만들 때도 나와요.

그뿐만이 아니에요. 비행기가 날아갈 때도, 우리가 스마트폰을 보고 있을 때도 나오죠. 사람이 움직이는 거의 모든 경우에 다 탄소가 나오는데, 이럴 때 탄소가 공기 밖으로 나오는 걸 '탄소 배출'이라고 해요. 배출은 필요 없는 것을 안에서 밖으로 내보낸다는 뜻이에요. 그러니까 탄소가 많이 배출돼서 지구가 점점 더워지는 거죠.

지구가 더워지지 않게 하려면 탄소를 줄여야겠죠? 그런데 사람은 누구나 숨을 쉬고 우리가 쓸 물건도 계속 만들어야 하잖아요. 그러다 보니 탄소가 계속 '배출'될 수밖에 없어요. 사람이 가만히 있기만 할 수는 없으니까 탄소는 늘 나오는 거죠. 그래서 밖으로 나온 탄소를 잘 모아 다른 데 쓰거나 조금 덜 나오게 해서 지구가 더워지지 않게 만들려고 노력하는 사람들이 많아요.

어쩔 수 없이 탄소가 나오지만, 나온 만큼의 탄소를 다른 방법으로 없애서 공기 중에 떠 있는 탄소의 양이 지금보다 더 많아지지 않도록 잘 조절하는 거죠. 이렇게 배출되는 탄소와 흡수되는 탄소의 양을 같게 해서 실제로 배출되는 탄소량을 '0'으로 만드는 일을 '탄소 중립'이라고 해요. '탄소 제로'라고도 하지요. '중립'은 가운데 있다는 뜻이에요.

오래전인 1997년에 세계 여러 나라의 대표들이 일본 교토에 모여 온실가스를 줄이자고 약속했어요. 회사나 공장들도 탄소 배출을 줄이겠다고 약속했고요. 물건 만들 때 이산화탄소가 덜 나오는 방법을 연구하고, 그렇게 되도록 실천하겠다는 약속이죠. 우리나라도 앞으로 탄소 중립을 이루기 위해 노력하겠다고 약속했어요.

여러분도 탄소를 줄일 수 있어요. 쓰레기를 함부로 버리지 말고, 한 번 산 물건은 오래 쓰고, 전기 제품을 쓰지 않을 때는 전기 코드를 뽑아 두세요. 방에 아무도 없으면 불을 꼭 끄고요. 그러면 지금보다 탄소가 덜 나오게 할 수 있답니다.

 온실가스의 원인과 종류, 줄이는 방법

온실가스란 지구 대기를 오염시켜 '온실 효과'를 일으키는 기체다. '온실 효과'는 지구 표면에서 나오는 에너지가 공기 중의 수증기, 이산화탄소 등에 흡수되어 대기권 밖으로 빠져나가지 못하게 하는 현상이다. 빛은 받아들이고 열은 내보내지 않는 온실 같은 작용을 한다는 데서 생겨난 말이다. 온실가스로는 이산화탄소, 메탄, 이산화질소, 프레온, 오존 등이 있다. 지구 온난화를 일으키는 원인이 되는 대기 중의 가스라고 이해하면 된다. 온실가스가 없으면 따뜻한 공기가 전부 빠져나가 지구가 너무 추워지지만, 반대로 너무 조금 빠져나가면 지구가 뜨거워져서 문제다.

온실가스는 사람이나 동물이 숨 쉴 때는 물론 제품을 생산할 때, 자동차나 비행기를 탈 때, 쓰레기를 모아서 태울 때, 공장에서 물건을 만들 때도 나온다. 석유나 석탄 같은 화석 연료를 많이 사용하면서 온실가스 배출이 증가한 것이다. 따라서 이산화탄소가 배출되는 화석 연료 대신 태양열이나 수력, 땅속열 따위의 신재생 에너지를 사용하면 지구 온난화를 막을 수 있다. 온실가스 배출을 줄이기 위해서는 에너지를 절약하고 환경 친화적인 상품을 이용해야 한다.

교토의정서

교토의정서는 지구 온난화를 규제하고 방지하기 위한 국제연합(UN)의 기본 협약인 '기후 변화 협약'의 구체적인 이행 방안이다. 1997년 12월 일본 교토에서 열린 '유엔 기후 변화 협약(UNFCCC) 제3차 당사국 총회'에서 채택되었다. 온실가스가 정한 한도를 넘지 못하게 막기 위한 협약으로, 특별히 산업화된 국가들의 온실가스 의무 감축 목표치를 정했다. 즉 '선진국' 위주로 온실가스 감축 의무를 구체적으로 정한 것이다. 감축 대상 온실가스는 이산화탄소, 메탄, 아산화질소, 불화탄소, 수소화불화탄소, 불화유황 등 여섯 가지다. 교토의정서의 효력이 2020년에 끝남에 따라 이를 대체하는 새로운 기후 체제로 2015년 12월 '파리 기후 협약'이 채택되었다. 이때는 참여 당사국 모두에 온실가스 감축 의무를 부여했다.

1 지구 생태계

일본 바닷물이 우리나라에 오나요?

── 후쿠시마 오염수 문제

여러분, '후쿠시마 오염수'라는 말 들어 봤나요? 후쿠시마는 일본에 있는 바닷가 도시 이름이에요. 우리나라의 부산이나 강릉처럼 바다 옆에 있는 도시예요. '오염수'는 물이 더러워졌다는 얘기지요. 그래서 후쿠시마 앞바다가 위험하다는 뜻이에요.

후쿠시마에는 커다란 발전소가 있었어요. 발전소는 발전기를 돌려서 전기를 만드는 곳인데, 전기를 만들려면 여러 재료가 있어야 하고 물도 필요해요. 그런데 예전에 후쿠시마에 큰 지진이 나서 바닷물이 막 흘러넘치고 건물들이 무너진 적이 있거든요. 그래서 전기를 만드는 데 쓰지만 사람 몸에는 좋지 않은 위험한 물질들이 물에 섞인 채로 그곳에 남아 있었어요.

그런데 일본이 그 물을 바다에 버리려고 해요. 너무 많아서 계속 가지고 있을 수가 없다는 거죠. 일본은 그 물을 깨끗하게 만들었다고 주장하는데, 그 물이 깨끗하지 않다고 생각하는 사람도 많아요. 바다에 버리면 큰일 난다고, 버리지 말라고 얘기하는 사람이 많죠. 그래서 '후쿠시마 오염수' 얘기가 기사에 자꾸 나오는 거예요.

일본에서 버리는 물에 왜 우리나라 사람들도 관심을 가질까요? 그 바닷물이 우리나라로 흘러 들어올 수 있어서 그래요. 우리나라와 일본은 멀리 떨어져 있지만, 지구 전체로 보면 아주 가까운 나라여서 우리나라 사람들이 특히 걱정을 많이 하지요. 세계 지도나 지구본을 한번 보세요. 우리나라는 일본이랑 거의 붙어 있는 것처럼 보여요.

여러분, 바다에 가 봤나요? 바닷물은 컵에 담겨 있는 물이랑 달라요. 계속 움직이지요. 바다에는 파도가 치잖아요. 내 앞에 있는 바닷물이 멀리까지 밀려 나가기도 하고, 먼 바다에 있는 물이 바닷가로 들어오기도 해요.

우리가 사는 지구에는 엄청나게 큰 바다가 다섯 개(오대양) 있는데, 그 바닷물들은 전부 움직여요. 지구를 거의 한 바퀴 돌듯이 크게 움직이죠. 그래서 일본 바닷물이 저 멀리 하와이에

갔다가 다시 우리나라 제주도에도 올 수 있어요. 사실 지구에 있는 바다는 다 이어져 있거든요.

 여러분, 생선 좋아해요? 새우버거는요? 김에 밥만 싸 먹어도 맛있잖아요. 그런데 바다가 더러워지면

생선이나 새우나 김도 더러워질 수 있어요. 일본이 오염된 물을 바다에 버리고, 그 바닷물이 돌고 또 돌아서 우리나라에 올까 봐 걱정하는 거예요.

물론 바다는 아주 넓어요. 바닷물이 짜다고 우리가 생수 한 통을 거기에 부어도 짠맛은 조금도 없어지지 않아요. 그래서 바닷물이 전부 오염수로 바뀌는 건 아니에요. 하지만 오염수에 나쁜 게 많이 들어 있고 버리는 양도 많으면 그만큼 바다가 위험해질 수 있어요.

지구는 땅보다 바다가 더 넓은 별이에요. 그리고 사람은 물이 없으면 살 수 없어요. 바닷물을 마시지는 않지만 바다에 사는 동물이나 식물을 사람이 먹는 경우도 많고요. 또 바다는 지구 날씨를 일정하게 유지하는 데도 중요한 역할을 해요. 그래서 항상 깨끗해야 해요. 우리 바다가 더러워지지 않게 여러분도 관심을 가져 보세요.

- **오대양**: 지구를 둘러싸고 있는 다섯 개의 넓고 큰 바다. 태평양(세계 바다 면적의 반을 차지함), 대서양(세계에서 두 번째로 큼), 인도양, 남빙양(남극해), 북빙양(북극해)을 이른다.

🍃 일본 (후쿠시마 원전) 오염수 방류 문제

2011년 동일본대지진으로 폭발 사고가 일어난 후쿠시마 제1원전에서는 고농도 방사성 물질이 섞인 빗물, 냉각수 등 오염수가 계속 만들어지고 있다. 그런데 방사능 물질 오염수를 모아 두다 더는 둘 곳이 없자 일본 정부가 2021년 4월, 탱크에 보관 중인 오염수를 30년에 걸쳐 바다에 방류하기로 결정했다. 이는 주변 국가의 안전과 해양 환경에 위험을 일으키고, 특히 최인접국인 우리나라와 충분한 합의 없이 이루어진 일방적인 조치로 절대로 용납할 수 없는 일이다. 따라서 우리 정부는 국민의 우려와 반대 입장을 분명하게 전달하고, 해양 환경 피해를 막기 위한 구체적인 조치를 강력하게 요구해야 한다. 오염수 방류는 2023년 4월 이후 시작될 것으로 예상된다.

🍃 세계 환경의 날

6월 5일은 세계 환경의 날이다. 환경 보전 운동을 전 세계적으로 펼치기 위해 1972년 6월 스웨덴의 수도 스톡홀름에서 열린 국제연합(UN) 총회에서 제정한 기념일이다. 이 회의에서 적절한 환경에서 살아갈 인간의 권리와 다음 세대를 위해 환경을 보존해야 할 책임이 있다는 내용을 담은 '인간 환경 선언'이 채택되었고, 이듬해 국제연합은 지구 환경 문제를 논의하는 국제기구인 유엔환경계획(UNEP)을 설립했다. 유엔환경계획은 1987년부터 해마다 '세계 환경의 날'을 맞아 그해의 주제를 선정해서 발표하고, 대륙별로 돌아가며 한 나라씩 정해 행사를 연다. 우리나라도 1996년부터 6월 5일을 법정 기념일인 '환경의 날'로 제정했고, 1997년에는 서울에서 유엔환경계획이 주최하는 세계 환경의 날 행사를 열기도 했다.

2 우리의 환경, 에너지

깨끗한 수돗물 잘 나오는데…
물은 왜 중요한가요?

── 물 관리와 수질 오염의 중요성

주방이나 화장실에 가서 수돗물 한번 틀어 보세요. 깨끗한 물이 잘 나오죠? 냉장고나 정수기에도 물이 들어 있죠? 물을 많이 마시면 건강에 좋으니까, 우선 물 한 잔 마시고 이 글을 읽어 보세요.

물을 아껴 쓰라는 말 들어 보셨나요? 더러운 것들을 하수도에 많이 버리면 물이 오염되니까 함부로 버리면 안 된다는 얘기도 들어 보셨죠? 깨끗한 수돗물이 언제든 콸콸 나오고, 정수기와 냉장고에도 물이 가득 차 있는데 왜 그런 것들이 중요하다고 할까요?

우리 지구에는 물이 아주 많습니다. 왜냐하면 땅보다 바다가 훨씬 넓거든요. 지구를 둘러싸고 있는 것은 둘 중 하나예요 '땅' 아니면 '물'이지요. 그런데 지구 표면의 70퍼센트가 물이에요. 100개가 있으면, 그 가운데 70개라는 뜻이에요. 바다를 생각해 보세요. 엄청 넓고 깊잖아요. 그래서 지구에는 물이 많아요.

물이 많으니까 물 걱정은 하지 않아도 괜찮을까요? 그건 아니에요. 바닷물을 퍼서 그대로 사용할 수는 없어요. 바닷물은 사람이 마시거나 씻는 데 바로 쓸 수 있는 물이 아니거든요. 고래나 상어 같은 해양 동물이 살 수 있는 물이지만, 사람이 마실 수는 없어요.

그런데 아쉽게도 지구에 있는 전체 물의 97퍼센트가 바닷물이에요. 3퍼센트만 바닷물이 아니고 다른 물인데, 그 3퍼센트 중에서도 남극이나 북극에 꽝꽝 얼어 있는 빙하를 빼고 나면 사람이 바로 쓸 수 있는 물은 많지 않아요. 그래서 물을 아껴야 하는 겁니다.

여러분은 물을 아껴 쓰고 있나요? 물을 틀어 놓고 장난을 치거나 컵에 따라 놓은 물을 마시지 않고 그냥 버린 일은 없었나요? 물을 왜 아껴 써야 하냐면, 우리가 살아가는 데 물이 정말 많이 필요하기 때문이에요. 우리가 하루에 물을 얼마나 쓸까요? 서울에 사는 사람을 기준으로 헤아려 보면, 하루에 278리터를 씁니다. 커다란 페트병(플라스틱 병)에 담긴 물이 2리터니까, 매일 그만한 통으로 140개씩 물을 쓰는 거예요.

물을 아무리 많이 마셔도 하루에 몇 컵밖에 안 되는데, 너무 많은 것 같다는 생각이 드나요? 물은 마시기도 하지만, 사람이 살아가는 데 필요한 다른 수많은 과정에도 반드시 있어야 해요. 밥을 하려면 쌀을 씻어야 하고, 채소나 과일을 먹기 전에도 꼭 물에 씻어야 해요. 먹기 전에만 씻으면 되는 게 아니라 재배할 때도 물을 줘야 하죠.

그뿐만이 아닙니다. 고기를 얻기 위해서 가축을 기를 때도 물이 필요해요. 햄버거 하나를 만드는 데 욕조 열여섯 개를 꽉 채울 만큼의 물이 필요하다니, 놀랍지 않나요?

또 물은 먹는 데만 쓰는 게 아니라 다른 데도 많이 필요해요. 청소를 하거나 설거지 또는 빨래를 할 때도 물이 있어야 하고, 공장에서 물건을 만드는 과정에도 물이 많이 필요합니다. 사람은 물을 마시지 않으면 살기가 힘든데, 마시는 것뿐만 아니라 다른 수많은 과정에도 이렇게 물이 꼭 필요합니다. 그래서 우리는 물을 아껴 쓰고 깨끗하게 사용해야 하는 거예요.

씻을 때 물 틀어 놓고 장난치지 말고, 하수도에 더러운 물건을 함부로 버리지 마세요. 지구에는 물이 아주 많지만, 사람이 먹고 쓸 수 있는 물은 한정되어 있으니까요.

집에서 물 아껴 쓰는 법

유엔환경계획(UNEP)은 지금과 같은 속도로 인구가 늘어나고, 한 사람이 사용하는 물의 양도 계속 늘어나면 2025년에는 세계 인구의 3분의 1이 물 부족에 시달릴 수 있다고 밝혔다. 사람을 포함한 모든 생명체는 물이 없으면 살 수 없다. 물은 생명을 유지해 주는 자원이며, 우리 몸에 들어온 영양소를 녹여 필요한 세포에 공급해 주고, 노폐물을 몸 밖으로 새어 나가게 하며, 땀으로 체온을 조절해 주기도 한다. 이처럼 중요한 물 부족을 해결하기 위해서는 사용하는 물을 절약해야 한다. 우리가 실천할 수 있는 물 사용을 줄이는 방법은 설거지나 샤워할 물 받아서 쓰기, 양치 컵 사용하기, 빨래 모아서 하기 등이 있다. 또 변기 물탱크 안에 무거운 벽돌 등을 넣는 것도 물을 아껴 쓰는 방법이다. 물을 절약하면 탄소 중립도 되니까 물의 소중함을 다시 한번 되새기고 물을 지킬 수 있도록 노력해야 한다.

2 우리의 환경, 에너지

자동차에서는 뭐가 나오나요?

―― 배출 가스의 기후 영향

가장 최근에 자동차를 타고 어디에 다녀왔는지 생각해 보세요. 차를 얼마나 탔나요? 길이 막혔나요, 아니면 빨리 달렸나요? 걸어가거나 달려가면 너무 멀었을 텐데 차를 타니까 막혀도 금방 도착했겠죠. 날씨가 안 좋아도 차 안에 있으면 편하고요. 다른 가족도 탔으면 한번에 여러 사람이 같이 갈 수 있어서 정말 편리했겠어요.

그런데 환경 운동을 하는 사람들은 '자동차 타는 걸 줄이자'고 말해요. 가까운 거리는 걷거나 자전거를 탈 수도 있고, 멀리

갈 때도 지하철이나 버스를 타는 게 좋다고 하지요. 왜 그럴까요. 편리하고 빠른 자동차를 두고 왜 더 느리고 불편하게 가라고 하는 걸까요?

주유소에 가 본 적 있나요? 그럼 자동차 옆에 긴 호스를 꽂아서 기름을 넣었던 장면 기억나요? 거의 모든 자동차는 차에 기름을 넣고, 그 기름을 태운 힘으로 엔진을 돌려요. 그래서 차가 움직일 수 있는 거예요. 그런데 차를 많이 타면 기름도 많이 써야 하는 문제가 생기죠. 기름 쓰는 얘기는 다음('자동차도 스마트폰처럼 충전한다고요?')에 한 번 더 하기로 하고, 여기서는 기름을 태우는 과정에 대해서 얘기해 볼게요.

자동차 뒤를 한번 자세히 보세요. 움직이는 차는 위험하니까 어른과 함께 주차장에 안전하게 세워 놓은 차 뒤를 한 번만 보세요. 아니면 부모님한테 사진으로 찍어서 보여 달라고 해도 좋아요. 자세히 보면 차 뒤쪽이나 아랫부분에 구멍이 있어요. 구멍이 잘 안 보이는 차도 있고 두 개 있는 차도 있는데, 그 구멍을 '배기통'이라고 해요.

그 구멍은 자동차 엔진 등에서 생긴 가스를 밖으로 내보내는 역할을 해요. 고기를 구우면 연기가 많이 나죠? 캔들이나 방향제에 불을 붙여도 냄새나 연기가 나기도 하고요. 그것처럼 차가 기름을 태워 엔진을 움직이게 하는 과정에서도 여러 종류의 가스가 나와요. 사용이 끝난 뒤에 차 밖으로 나가게 하는, 필요

하지 않아 내보내는 가스라고 해서 '배출 가스'라고 부르죠. 그러니까 그 구멍은 배출 가스를 내보내기 위해 만든 거예요.

공기 중에 탄소가 많아지면 날씨가 더워지고 이런저런 문제들이 생겨요. 자동차 배출 가스에도 사람의 몸이나 환경에 좋지 않은 물질이 일부 포함되어 있고, 그중에는 탄소도 있어요. '환경공학용어사전'에서 배출 가스를 찾아보면, '사람의 건강 또는 생활환경에 피해를 일으킬 염려가 있는 물질'이라고 쓰여 있어요.

우리나라 정부는 맡아서 하는 일에 따라 여러 부서로 나뉘는데, 환경에 관한 일은 환경부에서 처리해요. 환경부는 '한 달' 동안 자동차들을 대상으로 배출 가스가 많이 나오지는 않는지 꼼꼼하게 확인하겠다고 했어요. 자동차 배출 가스를 잘 관리해서 미세먼지 발생을 줄이는 게 목표라고 합니다.

자동차를 안 탈 수는 없어요. 우리 집 자동차 말고 버스를 타도 배출 가스는 똑같이 나오고요. 하지만 차 타는 걸 줄일 수는 있죠. 요즘은 코로나19 때문에 버스나 지하철에 사람이 많을 때는 특히 조심해야 하지만, 배출 가스 양을 줄이려면 대중교통을 이용하는 게 더 좋아요. 물론 마스크를 잘 쓰고 다른 사람과 적당한 간격을 유지하면서 손은 깨끗이 씻어야겠죠.

세 명이 자동차 세 대를 타는 것보다 한 대로 같이 타고 가는 것도 좋은 방법이에요. 운전은 여러분이 아니라 가족 중에 어른이 하겠지만, 적당한 속도로 안전하게 운전하는 것도 중요하고요. 그리고 요즘 늘어나고 있는 전기 자동차나 수소 자동차는 배출 가스 위험이 기름을 쓰는 자동차보다 상대적으로 낮다고 해요.

차 안에 타고 있을 때는 잘 모르지만, 자동차가 달리면서 우리 주변 공기가 나빠질 수도 있어요. 그러면 차는 언제, 어떻게 타는 게 좋을까요? 가족들이랑 '우리 집 자동차는 배출 가스 등급제의 몇 등급인지', '자동차는 얼마나 타는 게 좋을지' 한번 얘기해 보세요.

 자동차 배출가스 등급제란?

우리가 자주 이용하는 자동차는 편리하지만, 자동차가 내뿜는 배출 가스는 대기(공기)를 오염시켜 환경에는 좋지 않은 영향을 미친다. 그래서 환경부는 갈수록 심해지는 대기 오염을 막고 쾌적한 환경을 만들기 위해 '자동차 배출가스 등급제'를 시행하고 있다. 자동차 배출 가스 등급은 제작, 운행 중인 모든 차를 대기 오염 물질 배출량에 따라 5개 등급으로 분류하는 것으로, 2018년 4월에 새롭게 개정되었다. 개정된 규정에서는 아무런 조건 없이 자동차의 생산 연도와 사용하는 기름에 따른 배출량의 차이를 반영해서 나눈다. 대기 오염 물질을 전혀 배출하지 않는 전기 자동차와 수소 자동차는 1등급, 일반 자동차에 전기 엔진을 결합해서 해로운 배기가스를 일반 자동차보다 훨씬 적게 배출하도록 만든 하이브리드 자동차는 1~3등급, 휘발유 가스 자동차는 1~5등급, 경유 자동차는 3~5등급을 받는다. 해외에서는 등급이 낮은 차들은 도시 중심 지역 운행을 제한하기도 한다.

2 우리의 환경, 에너지

쓰레기 버리면 어디로 가나요?

— 자원 순환의 중요성

여러분은 다 쓴 휴지나 쓰레기 어디에 버리나요? 아무 데나 버리면 안 되고, 방이나 거실에 있는 쓰레기통에 잘 넣어야죠. 아니면 재활용품 모으는 통에 넣어도 되고요.

쓰레기는 여러분이 스스로 버리나요? 아니면 다른 가족이 대신 버려 주나요? 집에 쓰레기통이 어디에 몇 개 있는지 세어 보고, 버릴 때는 쓰레기통에 어떻게 넣어야 하는지 가족들과 얘기해 보세요. 쓰레기통마다 버려야 하는 쓰레기가 다를 수도 있으니까 그것도 한번 물어보고요.

그런데 우리는 대부분 매일 쓰레기를 버리잖아요. 그러면 우리가 예전에 버린 쓰레기들은 다 어디로 갔을까요? 가족들이 청소하면서 쓰레기통을 비우고 안에 있는 것들을 전부 집 밖으로 내놓았을 텐데요. 집 밖으로 나간 쓰레기는 모두 어디에 있을까요? 사람들이 너나없이 쓰레기를 내놓았으면 양이 엄청나게 많을 텐데, 그 많은 쓰레기가 어떻게 되었는지 궁금하지 않아요?

쓸모없어져 내다 버릴 물건이나 내다 버린 물건을 통틀어서 쓰레기라고 하죠. 쓰레기에는 세 종류가 있어요. 하나는 버렸지만 그걸 가지고 다른 물건을 만들어서 '재활용할 수 있는 쓰레기', 또 하나는 다시 쓰지 않고 '완전히 버리는 쓰레기', 그리고 먹다 남은 '음식물 쓰레기'예요.

집에서 가족들이 쓰레기를 모아 밖으로 내놓을 때 재활용되는 쓰레기랑 그렇지 않은 쓰레기를 따로따로 내놓아요. 음식물 쓰레기도 따로 처리하거나 버려야 하고요. 그러면 쓰레기를 가져가는 분들이 그걸 모아서 가져가죠.

종이나 플라스틱처럼 재활용할 수 있는 쓰레기는 따로 모아서 다른 제품을 만들 때 써요. 그냥 씻어서 다시 쓰는 건 아니고, 그 물건을 전부 녹이거나 다양한 기술을 써서 다른 물건을 만드는 재료로 쓰는 거예요. 여러분이 쓰는 물건 중에도 재활용해서 만드는 것들이 있어요.

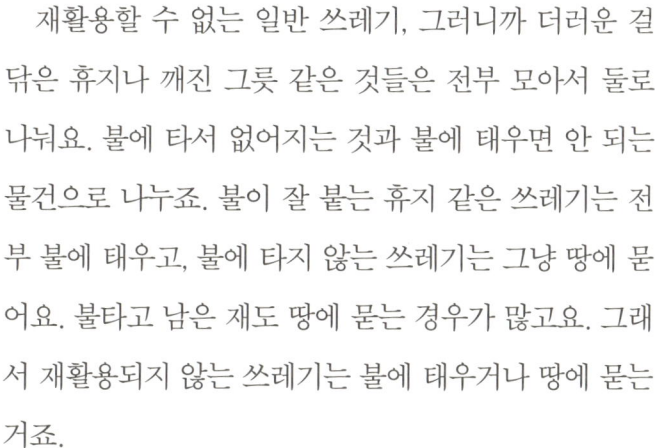

　재활용할 수 없는 일반 쓰레기, 그러니까 더러운 걸 닦은 휴지나 깨진 그릇 같은 것들은 전부 모아서 둘로 나눠요. 불에 타서 없어지는 것과 불에 태우면 안 되는 물건으로 나누죠. 불이 잘 붙는 휴지 같은 쓰레기는 전부 불에 태우고, 불에 타지 않는 쓰레기는 그냥 땅에 묻어요. 불타고 남은 재도 땅에 묻는 경우가 많고요. 그래서 재활용되지 않는 쓰레기는 불에 태우거나 땅에 묻는 거죠.

　여러분, 혹시 뭔가 불에 태워 본 적 있나요? 불에 타면 어떻게 되는지 아세요? 직접 해 보는 건 너무 위험하니까 절대 하지 말고, 혹시 모르면 가족들에게 물어보세요. 쓰레기를 불에 태우면 냄새나 연기가 나고, 다 타면 까만 재만 남아요. 그걸 묻는 거죠.

　쓰레기는 아무 데나 묻으면 안 되고, 정해진 장소에만 묻어야 해요. 그런데 쓰레기 묻는 장소가 거의 차서, 묻을 곳이 점점 부족해지고 있어요. 그래서 쓰레기를 적게 버리는 게 중요해요. 태우고 남은 재를 묻는 것도, 정해진 땅에서 더 많은 쓰레기를 처리하기 위해서예요.

　하나 더 기억해야 하는 건, 쓰레기 태울 때 나는 냄새나 연기가 사람 몸에 좋지 않을 수도 있다는 사실이에요. 그러니까 쓰레기를 줄여야 합니다. 여러분이 버린 쓰레기는 재활용할 수도 있고, 태워서 양을 줄여 땅에 묻을 수도 있고, 아니면 그냥 묻을 수도 있는데, 태우는 과정이 위험하고 땅도 부족하니까 앞으로는 쓰레기를 줄여 보세요. 그리고 쓰레기를 어떻게 줄일 수 있는지 가족들과 얘기해 보세요.

 플로깅

걷거나 뛰면서 길거리의 쓰레기를 줍는 활동을 말한다. 플로깅은 '줍는다'는 뜻의 스웨덴어 플로카 우프Plocka Upp과 '달리기'를 뜻하는 영어 조깅Jogging을 더해 만든 단어다. 우리나라에서는 '줍다'와 '조깅'을 결합한 '줍깅'이라는 말을 사용하기도 한다. 운동으로 건강을 챙기면서 환경을 지키기 위한 작은 실천을 함께한다는 의미를 가진 환경 보호 운동이라고 할 수 있다. 플로깅으로 거리에 마구 버려진 담배꽁초나 요즘 부쩍 눈에 띄는 마스크를 줍는 효과도 있다.

한편에서는 플로깅을 위해 또 다른 쓰레기를 만드는 것은 주의해야 한다고 지적하기도 한다. 플로깅하는 데 필요한 물건을 공짜로 나눠 주거나 관련 활동을 인증하면 친환경 굿즈를 선물로 주는 경우 등이다.

2 우리의 환경, 에너지

자동차도 스마트폰처럼 충전한다고요?

― 배출 가스 문제에서 자유로운 전기 자동차

여러분, 스마트폰으로 동영상 볼 줄 알죠? 여러분은 무엇을 좋아하나요? 유튜브를 자주 찾아보나요, 아니면 가족들과 영상 통화를 하나요?

스마트폰의 배터리가 없으면 충전을 해야겠죠. 전화기에 충전기 줄을 꽂아 두면 배터리가 다시 가득 차서 영상을 볼 수 있으니까요.

자동차는 어떨까요? 무거운 사람이 여러 명 탔는데도 쌩쌩 달릴 수 있는 자동차에도 배터리가 있을까요? 혹시 배터리가 다 떨어지면 충전을 해야 할까요?

　차를 타고 가다가 주유소에 들러 본 기억이 있나요? 자동차는 기름을 넣고 달려요. 휘발유나 경유 같은 연료를 차에 넣으면, 자동차는 그 기름을 쓰면서 바퀴를 움직여 앞으로 달려 나가죠.

　그런데 자동차에 넣는 기름에는 한 가지 문제가 있어요. 차는 주유소에서 넣은 기름을 태워서 그때 나오는 힘으로 달리거든요. 문제는 기름을 태우고 쓰는 과정에서 '배출 가스'가 나온다는 거예요. 자동차 엉덩이를 자세히 보면 구멍이 있어요. 그 구멍으로 가스가 나오죠. 그 가스가 대기 오염을 일으키고, 공기 중으로 퍼져 사람을 병들게 할 수도 있대요.

　그래서 요즘은 기름을 태우지 않고 스마트폰처럼 충전해서 달리는 자동차가 많아졌어요. 공기를 더럽히지 않기 위해서죠. 이런 차들은 마치 전화기를 충전하는 것처럼 충전을 해요. 스마트폰을 충전하려면 벽에 붙어 있는 '콘센트'에 전선을 연결하면 되잖아요. 그러면 거기서 전기가 나와 전화기가 충전되거든요. 그것처럼 자동차도 전기의 힘으로 달리는 차들이 있어요. 그런 차를 '전기 자동차'라고 해요.

　전기 자동차도 스마트폰처럼 충전기 줄을 차에 꽂아서 충전해요. 주유소에서 기름 넣을 때 차에 호스를 연결하면, 그 호스를 통해 기름이 들어가잖아요. 그런 것처럼 전기 자동차도 충전기를 연결해서 전기를 넣는 거예요.

67

자동차도 스마트폰처럼 충전한다고요?

전화기를 충전하고 하루가 지나면 또 충전해야 하죠. 전기 자동차도 마찬가지인데, 전기 자동차는 다른 자동차보다 더 자주 충전을 해 줘야 해요. 그리고 스마트폰을 충전하려면 시간이 걸리는 것처럼 전기 자동차도 한 번 충전하려면 시간이 걸리는데, 다른 자동차보다 더 오랜 시간이 필요해요.

요즘 전기 자동차를 추천하는 사람이 많아요. 다른 자동차들만큼 공기를 더럽히지 않기 때문이에요. 배출 가스가 많이 나오면 공기가 뜨거워지고, 공기가 뜨거워지면 비가 너무 많이 오거나 너무 더워져서 생태계가 위험하거든요.

전기 자동차가 무조건 좋고, 다른 차들이 무조건 나쁜 건 아니에요. 하지만 자동차 엉덩이에서 나오는 배출 가스를 생각하면 전기 자동차가 다른 차보다 조금 더 깨끗해요. 그래서 요즘은 전기 자동차를 이전보다 더 많이 만들어요.

스마트폰처럼 충전할 수 있는 전기 자동차, 여러분도 나중에 꼭 한 번 타 보세요.

친환경적인 전기 자동차?

휘발유나 경유 대신 전기를 사용해도 무조건 '친환경적'이라고 하기는 어렵다. 전기 또한 신재생 에너지나 태양광 같은 무공해로 얻기보다는 화력(불에서 얻는 열의 힘)에서 얻는 경우가 많아서다. 전기 배터리로 달리는 전기 자동차는 휘발유나 경유를 태워서 달리는 일반 자동차와 달리 주행할 때 배기가스를 배출하지는 않는다. 하지만 전기 자동차를 만드는 과정과 전기 에너지를 생산하는 과정, 그리고 나중에 전기 자동차를 폐차하거나 재활용하는 과정까지 생각하면, '전기 자동차가 정말 친환경 차일까' 하는 의문이 생길 수밖에 없다.

2 우리의 환경, 에너지

택배는 환경에 좋은가요, 나쁜가요?

── 택배 상자 속 쓰레기와 재활용품

여러분 집에 택배가 자주 오나요? 여러분이 직접 산 물건보다는 가족들이 산 물건의 택배가 많이 오겠죠. 주로 뭐가 많이 오나요? 먹을 것도 오고, 일하는 데 필요한 물건도 오고, 옷이나 가방 같은 택배도 오죠. 요즘 받은 택배 가운데 제일 좋은 게 뭐였는지 한번 얘기해 보세요.

필요한 물건을 택배로 주문하지 않고 마트에 직접 가서 사면 어떨까요? 시간도 많이 들고 불편하겠죠. 산 물건을 전부 들고 오려면 무겁기도 하고요. 차를 가지고 가면 편하지만, 자동차를 많이 타면 공기가 나빠질 수 있지요. 또 차를 움직이려면 기름도 많이 필요하고요. 그런데 택배로 주문하면 집으로 가져다주니까 시간을 아낄 수 있죠. 차를 타지 않아도 되고요. 그러면 택배는 환경에 좋은 것일까요?

열 명이 저마다 따로 차를 타고 마트에 가서 물건을 하나씩 사면 어떨까요? 열 명 모두 집에서 마트까지 다녀와야 하니까 자동차가 많이 필요하죠. 자동차 기름도 많이 들 테고요. 물건을 한 개씩 실은 차가 열 대나 있어야 하잖아요. 그런데 택배 차는 물건 열 개를 모두 싣고 한 번에 움직이니까 자동차가 한 대만 있으면 돼요. 물건을 마지막으로 받는 사람은 처음 받는 사람보다 시간은 좀 늦겠지만, 그래도 차 한 대로 모두 물건을 받을 수 있잖아요.

그런데 물건을 택배로 받는 게 환경에 꼭 좋은 건 아니에요. 우리 집 차는 안 써도 되지만, 그래도 물건을 배달하는 큰 차는 있어야 하고, 또 택배로 보내는 물건이 전부 상자나 비닐에 포장되어 있으니까요.

택배 상자를 열어 본 적은 있나요? 어떻게 생겼는지 한번 생각해 보세요. 열어 본 적이 없으면 뜯어 놓은 택배 상자를 한번 보세요. 앞으로 집에 도착하는 택배 상자를 열어 봐도 되고요.

택배는 대부분 상자에 들어 있어요. 주소나 이름이 적힌 스티커가 붙어 있고, 상자를 여는 윗부분에는 테이프가 붙어 있

지요. 누가 받는 물건인지 알아야 하고, 상자에 담긴 물건이 쏟아지면 안 되니까 테이프로 잘 닫아 놓아야 하는 거예요.

상자를 열면 바로 물건이 보이는 경우도 있지만, 그 물건을 비닐이나 다른 포장지로 한 번 더 감싼 것들도 많아요. 택배 상자 여러 개가 차에 실려 오랜 시간이 걸려서 집까지 오다 보면 상자가 흔들리거나 떨어지는 경우도 있을 테니, 그럴 때 안에 들어 있는 물건이 망가지지 않게 하기 위해서예요. 택배를 받았는데 물건이 망가져 있으면 안 되잖아요.

물이 묻거나 더러운 게 들어가지 않게 하려고 물건을 잘 포장하는 경우도 많아요. 옷이나 종이 같은 것들은 물에 젖어서 망가지거나, 뭐가 묻어서 더러워지면 안 되니까요. 그래서 상자 안에 담긴 물건도 한 번 더 포장하는 거예요.

마트에서 물건을 살 때는 어때요? 사고 싶은 물건만 골라서 계산하고 가지고 나오면 되잖아요. 많이 살 때는 상자나 큰 가방에 담아야 하지만, 필요한 것만 조금 살 때는 작은 가방에 넣어 가지고 와도 되죠. 그런데 택배는 하나만 사도 상자에 담아서 보내는 경우가 많아요.

상자는 거의 다 종이여서 재활용할 수 있는데, 스티커나 테이프는 종이가 아니어서 전부 떼어 내야 해요. 물건이 비닐이나 플라스틱으로 포장되어 있으면 그것도 모두 따로 버려야 하고요. 그래서 택배 상자를 정리할 때는 쓰레기나 재활용품이 많이 생깁니다. 다음에 택배가 오면, 상자나 테이프가 얼마나 버려지는지 눈여겨보세요.

택배로 물건을 시키면 마트에 직접 가서 사는 것보다 편하고, 집에서 받으니까 자동차를 타고 나가지 않아도 되지만, 상자나 테이프는 잘 버려야 해요. 그래서 택배로 주문할 때는 필요한 물건을 한꺼번에 모아서 사거나, 튼튼하면서도 환경에 해를 끼치는 않도록 포장을 잘 해 주는 곳에서 사는 게 좋아요. 요즘 우리 집에 오는 택배는 어떤지, 가족들이랑 살펴보세요.

 탄소발자국이란?

'탄소발자국'이란 사람이 활동하거나 상품을 생산하고 소비하는 과정에서 발생하는 탄소의 양을 말한다. 우리가 일상생활에서 사용하는 전기, 연료 등이 모두 포함된다. 이렇게 일상 속에서도 직접적 또는 간접적으로 탄소가 발생하는데, 길을 걸어가면 발자국이 남는 것처럼 탄소의 흔적도 뒤를 따라온다는 의미로 탄소발자국이라고 표현한다. 특히 텔레비전이나 컴퓨터, 스마트폰 등 다양한 디지털 기기를 사용할 때 발생하는 탄소의 양은 '디지털 탄소발자국'이라고 한다.

생활 속에서 탄소발자국을 줄이는 방법으로는 적정한 실내 온도 유지하기, 에너지 효율이 높은 조명 설치하기, 텀블러와 장바구니 사용하기, 가까운 거리는 걷거나 자전거 타기, 육식을 줄이고 일주일에 한 번은 채식하기 등이 있다.

2 우리의 환경, 에너지

햇빛으로 에어컨 켤 수 있나요?

— 화석 연료와 재생 에너지, 에너지 절약

스마트폰이나 노트북을 충전할 때 어떻게 하나요? 벽에 있는 콘센트에 전원 선을 꽂아 두면 충전이 되잖아요. '충전'은 전기를 채워서 넣는다는 뜻이에요. 텔레비전도, 냉장고도, 세탁기나 청소기도 전부 선을 연결해서 전기를 넣어야 움직여요.

전기는 어떻게 그렇게 커다란 기계들을 움직일까요? 우리가 숨 쉴 때 들이마시는 공기나 차가운 바람 보이세요? 눈에 안 보이죠. 전기도 집에서 눈으로 볼 수는 없는데, 힘이 참 세요. 전기가 없으면 못 쓰는 기계들이 아주 많을 거예요. 그뿐만 아니라 전기가 없으면 살아가기가 어려울 만큼, 우리 생활에서 전기는 떼려야 뗄 수 없는 꼭 필요하고 소중한 자원이죠.

전기는 어떻게 만드는지 아세요? 전기를 만드는 데는 여러 방법이 있어요. 석탄 같은 화석 연료를 불에 태워서 만들 수도 있고, 높은 곳에 있는 물을 낮은 곳으로 떨어뜨려서 만들 수도 있어요. 바람을 가지고 만들 수도 있고요. 그렇게 전기를 만들어 내는 곳을 '발전소'라고 해요. 거기서 만든 전기들이 여러 과정을 거쳐서 전봇대와 전깃줄을 타고 우리 집으로 배송되는 거예요.

여러분 혹시 불을 직접 본 적 있나요? 종이나 나무를 불에 태우면 연기가 나는데, 연기는 본 적 있어요? 그 연기에는 몸에 안 좋은 물질이 섞여 있을 수도 있어요(불은 위험하니까 절대로 직접 태워 보지는 마세요). 전기를 만들려고 화석 연료를 태울 때도 미세먼지가 발생해서 공기가 나빠지는 거예요.

그런데 사람들은 모두 전기를 쓰잖아요. 여러분 집에도 전기를 이용하는 기계가 아주 많죠? 옆집에도, 친척 집에도, 친구들 집에도 전부 그런 기계가 많고요. 다른 나라는 어떨까요? 미국에서도, 일본에서도, 유럽이나 아프리카에서도 사람들이 전기를 필요로 해요. 그러니 우리는 매일 전기를 많이 만들어야 하는 겁니다.

화석 연료를 너무 많이 태우면 공기가 나빠질까 봐, 요즘 전

기를 만들면서 공기도 나빠지지 않게 하는 방법들을 여러 방면으로 연구하고 있어요. 앞에서 얘기한 바람의 힘을 이용하는 것도 그런 방법 중 하나예요. 또 신기한 게 있어요. 햇빛을 가지고도 전기를 만들 수 있다는 사실이에요.

'태양광'이라는 얘기 들어 봤나요? 태양은 하늘에 떠 있는 해를 말하고, 광은 빛이에요. 방에 불을 켜면 환해지잖아요. 스마트폰 플래시를 켜면 하얀색으로 보이는 빛이 나오고요. 그런 빛이요. 햇빛을 가지고도 이렇게 전기를 만들 수 있어요.

무엇을 가지고 전기를 만들어야 가장 좋은지는 사람마다 생각하는 기준이 달라요. 어떤 사람들은 햇빛은 늘 있으니까 그걸 가지고 만들어야 좋다고 주장하고, 또 어떤 사람은 비가 오거나 밤에는 햇빛을 받을 수가 없어서 별로 좋지 않다고 주장하기도 해요. 여러분 생각은 어떠세요?

세상에는 전기를 만드는 방법이 많아요. 그렇게 만들어진 전기를 이용해서 지금 여러분이 이 책을 읽는 거예요. 영상도 보고, 노래도 듣고, 냉장고에서 시원한 물도 꺼내 마실 수 있고요. 또 날씨가 더워지면 에어컨을 켜고 추워지면 보일러를 틀 텐데, 그 에어컨과 보일러도 전기로 움직이잖아요.

햇빛으로 에어컨을 켤 수 있다는 게 신기하죠? 그런데 여기서 중요한 건, 전기를 만드는 과정에서 공기가 나빠질 수 있다는 사실을 기억해야 한다는 거예요. 그래서 전기를 아껴 쓰는 게 중요합니다. 전기도 과자나 옷처럼 사용한 만큼 돈을 내야 하는데, 전기를 아끼면 돈도 아낄 수 있고 공기가 더 나빠지는 걸 막을 수도 있어요.

햇빛이나 바람으로 전기를 만드는 이유는 재밌어 보이거나 신기하라고 그러는 게 아니에요. 조금 더 깨끗한 방법으로 전기를 만들기 위해 노력하는 거죠. 그러니까 여러분도 앞으로 전기를 아껴 썼으면 좋겠습니다.

 (신)재생 에너지란?

'재생 에너지'는 '계속 써도 제한이나 한계가 없을 만큼 다시 공급되는 에너지'를 일컫는다. 한 번 사용한 뒤에 또 사용한다는 뜻이 아니라, 에너지를 만드는 동력원(근원이 되는 에너지)을 재생할 수 있다는 의미다. 석탄이나 석유처럼 땅속에 정해진 양만 묻혀 있을 것으로 예상하는 자원 말고, 햇빛이나 물, 바람, 지열(땅속열) 등을 가지고 만드는 에너지를 말한다.

'신재생 에너지'는 신에너지와 재생 에너지를 합쳐 이르는 말인데, 신에너지는 기존에 쓰던 석유, 석탄 등 화석 연료를 변환해서 이용하거나 수소, 산소 등의 화학 반응을 통해 전기 또는 열을 이용하는 에너지를 뜻한다.

속속들이 보여 주는 **환경 이슈 27**

다양한 쓰레기

3 다양한 쓰레기

배부른데, 밥 남기면 안 되나요?

음식물 쓰레기 줄여야 하는 이유

'밥 남기지 말고 다 먹어라'라는 얘기 많이 들어 봤죠? 쌀 만드느라 농부들이 고생하신다는 얘기, 저 멀리 떨어진 어느 나라에는 먹을 것이 부족해서 굶주리는 아이가 많으니까 감사한 마음으로 싹싹 다 먹으라는 말도 흔히 합니다. 밥을 남기는 게 왜 나쁠까요?

어른들이 식당에 가서 고기를 시키면 1인분에 200그램 정도 줍니다(1인분의 양은 식당마다 다 다릅니다). 고기 1인분에 밥 한 그릇 먹으면 배가 꽤 부르죠? 그런데 사람들이 하루에 버리는 음식물 쓰레기가 300그램 정도예요. 고기 1인분보다 많이 버린다면, 사람들이 음식을 너무 낭비하는 것 같지 않나요? 어제 먹은 밥이랑 반찬을 떠올려 보세요. 남김없이 다 먹었나요?

음식물 쓰레기는 함부로 땅에 묻으면 안 됩니다. 땅에 씨앗을 뿌리거나 심으면 꽃이나 나무가 자라지만, 사람이 먹고 남긴 음식물 쓰레기는 그렇게 될 수가 없지요. 음식 찌꺼기를 심는다고 나무가 자라지도 않고요. 음식을 만들 때는 맛을 내려고 간장, 소금, 된장, 기름 같은 양념을 넣는 경우가 많은데, 그런 재료들이 땅을 더럽힐 수 있어요. 국물 같은 물기가 하수도 안으로 흘러 들어가서 강이나 바다를 오염시킬 수도 있고요.

음식물 쓰레기를 잘 모아서 여러 기술을 부려 다시 사용할 수는 있어요. 그렇게 제대로 처리한 음식물 쓰레기는 농사지을 때 쓰는 퇴비(비료)나 에너지로 다시 사용합니다. 그런데 문제는 버리는 음식물의 양이 너무 많아서 퇴비나 에너지로 아무리 바꿔 써도 남는다는 거예요.

버려진 음식을 깨끗하게 처리하는 데는 돈도 많이 들고 힘도 엄청 들어요. 먹고 남은 라면 국물 한 컵을 다시 깨끗하게 만들어서 물고기가 살 수 있게 하려면, 물이 5000리터도 넘게 있어야 해요. 큰 생수 통 250개의 물이 필요합니다.

작은 우유 팩 하나를 통째로 버리면 그걸 깨끗하게 만들기 위해서는 물 7,500리터가 있어야 해요. 땅이나 바다를 더럽히

지 않으려고 한곳에 모아 놓고 처리하면 그 과정에서 또 다른 환경오염을 일으킬 수도 있고요.

지금 냉장고 한번 열어 보세요. 먹을 게 많죠? 혹시 오랫동안 넣어 두기만 하고 안 먹은 음식도 있는지 찾아보세요. 밥 먹을 때 남기지 않는 것도 중요하지만, 아예 먹지 않아서 버리는 음식이 많은 것도 문제예요. 아프리카 일부 지역이나 세계 여러 나라에 먹을 것이 부족해서 굶주리는 사람이 많은 것도 사실입니다. 그런 사람들도 있는데 우리가 음식을 함부로 버리는 건 옳은 일이 아니죠. 그리고 음식을 많이 버리는 건 지구 환경에도 좋지 않아요.

무조건 많이 먹으라는 얘기는 아닙니다. 지나치게 많이 먹으면 배탈이 나거나 체할 수도 있거든요. 그러니 처음부터 조금씩 먹을 만큼만 담아서 먹는 게 중요해요. 여러분은 아직 요리를 하거나 장을 보지는 않았겠지만, 앞으로 요리 할 때 꼭 먹을 만큼만, 마트에 가서 재료를 살 때도 꼭 필요한 만큼만 사는 게 중요합니다. 라면 국물 한 컵 버리면 생수 통 250개만큼의 물이 필요하다는 사실, 잊지 마세요.

헷갈리는 음식물 쓰레기 구분법

음식을 만들거나 먹고 난 뒤에 남아서 버리는 음식물 쓰레기는 중간 처리 과정을 거쳐 사료나 퇴비 또는 연료 등으로 재가공된다. 음식물 쓰레기로 버려야 하는지, 아니면 일반 쓰레기인지 판단하기 어려울 때는 동물이 먹을 수 있는지 없는지를 생각하면 구분하기 쉽다. 단단한 껍질이나 뼈, 딱딱한 씨 등은 일반 쓰레기로 버린다. 그렇다고 단단하지 않은 껍질이 모두 음식물 쓰레기는 아니다. 예를 들어 바나나 껍질은 음식물 쓰레기로 버리지만, 양파 껍질과 뿌리는 일반 쓰레기다. 고추장 같은 염분(소금기)이 많은 장류도 일반 쓰레기로 버린다. 마시고 남은 티백이나 한약재, 더 이상 쓸 수 없게 된 식용유(폐식용유)와 못 쓰게 되어 버리는 의약품(폐의약품)도 음식물 쓰레기가 아니다.

3 다양한 쓰레기

깨끗하고 가벼운 비닐 봉투… 편리한데, 왜 나빠요?

— 일회용 비닐 봉투 사용 문제

물건을 사고 일회용 비닐 봉투에 담아 온 적 있나요? 대부분 검은색이나 흰색 봉투죠. '비닐봉지'라고도 부르고요. 배달 음식을 시킬 때도 비닐 봉투가 같이 오잖아요.

집에 비닐 봉투가 있으면 한번 만져 보세요. 얇고 가벼운데 잘 안 찢어지죠? 힘을 세게 주거나 가위로 자르면 찢어지지만, 무거운 책이나 스마트폰을 여러 개 담아도 편하게 들고 다닐 수 있어요. 종이는 쉽게 찢어지는데, 비닐은 제법 튼튼하죠.

비닐 봉투에 물도 담아 보세요. 옷이나 공책은 물이 묻으면 축축하게 젖거나 찢어지는데, 비닐은 물을 담아 옮겨도 새지 않아요. 또 비닐은 공기도 잘 안 통해서 음식을 보관할 때도 많이 활용해요.

여러분 집에도 지퍼 장치가 달린 비닐로 만든 포장 봉투인 지퍼 백이나 비닐장갑이 있을 거예요. 음식을 만들거나, 직접 손으로 만질 수 없는 물건 또는 더러운 것을 만질 때 비닐장갑을 쓰면 참 편리하죠. 비닐 봉투나 비닐장갑은 비싸지도 않아서 싼값에 아주 많이 살 수 있어요. 참 편리하죠?

그런데 요즘은 일회용 비닐 봉투 사용을 줄이라는 얘기가 많이 나와요. 예전에는 물건을 사면 무조건 비닐 봉투에 담아 줬는데, 지금은 그렇게 하려면 봉툿값을 따로 내야 해요. 비닐 팔아서 돈을 벌려고 그러는 건 아니고요, 일회용 비닐 봉투 사용을 줄이기 위해서예요.

비닐은 잘 썩지 않아요. 질겨서 좀처럼 찢어지지 않고 물에 젖지도 않으니까 쓸 때는 편했는데, 많이 쓰고 자주 버리면 쓰레기 문제가 생기죠. 버린 비닐을 땅속에 묻으면 흙이 오염될 수 있고, 불에 태워서 없애려면 그러는 과정에서 몸에 안 좋은 여러 물질이 나와 공기 중에 떠다니거든요.

바다로 떠내려가도 문제입니다. 물속에서 하얀 비닐 봉투를 보면 마치 해파리처럼 보일 수도 있어요. 그러면 바다거북이나 해양 동물들이 해파리로 착각하고 비닐 봉투를 삼킬 수 있으니까요. 찢어지지도 않고 잘 썩지도 않는 비닐을 먹으면 어떻게 될까요?

또 바다에서 비닐 봉투가 잘게 찢겨도 문제예요. 작게 분해된 비닐이나 플라스틱 조각들을 작은 해양 생물이나 물고기가 먹을 수 있거든요. 그걸 다시 큰 고기가 먹고, 그 고기가 어부들에게 잡혀 우리 식탁에 올라올 수 있어요. 물고기 몸속에 쌓인 비닐이나 플라스틱을 사람이 먹을 수 있는 겁니다.

비닐 자체가 나쁘다고 생각할 필요는 없어요. 사람들이 생활하는 데 편리하게 해 주는 제품이니까요. 하지만 일회용품 사용은 줄이는 게 좋아요. 왜냐하면 사람들이 쓰레기를 너무 많이 버려서 환경이 나빠지기 때문이지요.

이런 문제를 해결하기 위해서 요즘은 쌀이나 녹말 같은 식물 성분으로 비닐을 만들기도 해요. 버리더라도 자연스럽게 썩거나 분해되고, 그 과정에서 누군가의 먹이가 될

깨끗하고 가벼운 비닐 봉투… 편리한데, 왜 나빠요?

수도 있게 하기 위해서죠.

　비닐 봉투 사용을 줄이려는 움직임도 많아요. 여러 번 쓸 수 있는 장바구니를 들고 다니거나 한 번 사용한 비닐을 바로 버리지 말고 조금 더 쓰는 것도 좋은 방법이죠. 집에서 일회용 비닐 봉투를 찾아보세요. 그걸 언제 가져왔는지, 안 가져올 수는 없었는지, 한 번 더 쓸 수 있는 방법은 무엇일지 생각해 보세요.

 비닐이 원래는 다회용품?

세계에서 가장 유명한 환경 보호 단체인 '그린피스'가 지난 2019년에 발간한 〈일회용의 유혹, 플라스틱 대한민국〉이라는 보고서에 따르면, 우리나라 국민은 1인당 일회용 비닐 봉투를 약 460개 사용한다. 1년에 사용하는 비닐 봉투는 약 235억 개로, 20리터 종량제 봉투에 담으면 한반도 면적의 70퍼센트를 덮을 수 있다. 일회용 비닐 봉투만 그렇다는 얘기고, 포장재 등에 사용하는 수많은 비닐을 생각하면 그 숫자는 더 늘어난다. 2019년을 기준으로 비닐류 생활 쓰레기 선별 양은 플라스틱보다는 조금 적고, 유리병이나 페트병보다는 많다. 비닐 쓰레기가 많이 버려지는 이유 중 하나는 대부분 한 번 쓰고 버려서다.

3 다양한 쓰레기

플라스틱 나쁘다면서…
텀블러가 왜
일회용 컵보다 좋은가요?

— 텀블러와 일회용 컵 '리바운드 효과'

버려지는 플라스틱이 환경에 많은 영향을 미친다는 얘기 기억나세요? 플라스틱은 잘 썩지 않아서 버리거나 땅에 묻으면 오랫동안 우리 환경에 좋지 않은 영향을 줍니다.

일회용 컵 말고 텀블러를 쓰라는 얘기도 들어 보셨죠? 텀블러도 플라스틱으로 만드는 경우가 많은데, 왜 그럴까요? 가장 큰 이유는 일회용 컵은 한 번 쓰고 버리는데, 텀블러는 여러 번 사용할 수 있어서예요.

그런데 텀블러를 여러 번 사용하려면 깨끗하게 씻어야 하잖아요? 수돗물을 써야 하고 주방 세제도 사용하는데, 그러다 보면 오히려 환경이 더 오염되지 않을까요? 일회용 컵은 만드는 과정이 간편하지만, 무겁고 딱딱한 텀블러는 한 번 만들려면 돈도 많이 들고 에너지도 더 많이 써야 하거든요.

중요한 건, '얼마나 자주 사용하느냐'예요. 텀블러랑 일회용 컵을 똑같이 한 번만 쓰고 버리면, 텀블러가 환경에 더 좋지 않아요. 텀블러를 세 번만 쓰고 버린다고 해도 다시 사용하기 위해서 물이랑 주방 세제를 써야 한다고 생각하면 일회용 컵이 더 나을 수도 있고요. 하지만 텀블러를 오랫동안 자주 쓰면 일회용 컵보다 훨씬 환경적인 물건이라고 할 수 있습니다.

텀블러를 매일 한 번씩 2주 넘게 사용하면 플라스틱 컵을 매일 하나씩 사용하는 것보다 환경 면에서 더 유리해요. 플라스틱보다 재활용이 더 잘되는 건 종이인데, 텀블러를 매일 한 번씩 한 달 동안 사용하면 그때는 종이컵보다도 환경적으로 더 좋죠.

예를 들어서 설명해 볼게요. 여러분이 슬러시나 콜팝을 사 먹으면, 그 컵은 다 먹고 바로 버리잖아요. 만약에 여러분이 평소에 쓰는 컵을 가져가서 담아 먹는다면 그 컵은 닦아서 또 쓸 수 있겠죠? 딱 한 번만 사 먹을 거면 콜팝용 컵을 따로 살 필요가 없지만, 여러 번 사 먹을 거면 일회용 컵 대신 자신의 컵을 쓰는 게 좋아요. 그래서 커피를 자주 마시는 어른들에게는 텀블러를 사용하라고 권한답니다. 카페에서 음료를 사면 일회용 컵을 주니까요.

그런데 문제가 있어요. 텀블러나 개인용 컵을 한 개 가지고 다니는 건 괜찮은데, 컵 디자인이 예쁘다거나 여러 개 갖고 싶

어서 자꾸 사면 그건 오히려 환경에 더 나쁠 수 있어요. 앞에서 얘기한 것처럼, 텀블러를 만드는 과정은 일회용 컵 하나를 만드는 과정보다 더 힘들고 환경에도 좋지 않은 영향이 있으니까요.

어른들이 마트에 갈 때 가지고 다니는 장바구니나 에코백도 마찬가지예요. 에코백은 동물 가죽이나 일회용 비닐 봉투 사용을 줄이기 위해서 만든 친환경 가방이에요. 얇은 천 같은 것으로 만들어 가볍고 모양도 예뻐서 사람들이 좋아하죠.

만일 에코백 디자인이 예뻐서 여러 개를 사고, 막상 잘 들고 다니지도 않는다면 어떻게 될까요? 환경을 살리겠다는 취지와는 반대로 오히려 더 나쁜 결과가 나타날 수도 있어요. 그런 가방을 만드는 데도 재료나 에너지가 필요하고, 구입한 뒤에 제대로 사용하지 않고 그냥 버리면 또 다른 환경 문제가 생길 수도 있으니까요.

일회용품이 환경에 나쁜 영향을 끼치는 이유는 자주, 많이 버려져서예요. 일회용품 대신 다른 물건을 사용한다면 그 물건 또한 자주 버리면 안 됩니다. 만드는 과정에서도 환경에 영향을 미치기 때문에, 한 번 사서 오래 쓸 수 있어야 해요. 여러분 집에 있는 텀블러나 에코백을 찾아보고 몇 개나 있는지, 얼마나 자주 쓰는지 확인해 보세요. 그리고 앞으로 오래 사용하세요.

분리수거 후 재활용되지 못하는 플라스틱

쓰레기 등을 종류별로 나누어 버리는 분리배출을 할 때 가장 중요한 원칙은 재활용되는 물건과 쓰레기로 버리는 걸 구분하는 일, 그리고 깨끗하게 버리기다. 이것저것 섞지 말고, 더럽지 않은 상태로 버려야 한다. 재료가 가진 성질을 구분하지 않고 섞어서 버리면, 그 과정에서 상대적으로 재활용이 잘 되는 플라스틱이 오염되어 어쩔 수 없이 버려지는 경우도 생긴다. 물론 소비자가 잘 모아서 버려도 재활용되지 못하는 플라스틱이 있다. 여러 소재가 섞여 만들어진 제품(빨대나 병뚜껑 등)이나 부피가 너무 작은 것들이 그렇다.

3 다양한 쓰레기

음료수 사 먹었는데, 페트병 어떻게 버려요?

— PET 분리배출 방법

날씨가 더울 때는 물을 많이 마시는 게 좋아요. 사람 몸에는 물이 꼭 필요한데, 더워서 땀이 나면 몸에 있던 물이 밖으로 빠져나가거든요. 그래서 물을 자주 마셔야 합니다. 날씨가 춥거나 시원할 때도 물을 충분히 마시면 좋은데, 더울 때는 조금 더 마시는 게 좋지요. 혹시 물 마신 지 오래됐으면, 이 글을 읽기 전에 물부터 한잔 마시는 건 어때요?

물 말고 다른 음료수를 마시는 경우도 있어요. 투명한 병에 담긴 주스나 음료수를 사서 마셔 본 적 있죠? 그냥 물보다 달고 더 맛있어서 많이 먹고 싶은데, 어른들이 너무 많이 마시지 말라고 하는 음료수 말이에요. 최근에는 어떤 음료수를 먹었나요? 음료수를 마신 뒤에 그 병은 어떻게 버렸나요?

혹시 아무 곳에나 마구 버린 건 아니겠죠? 딱딱한 유리나 잘 찌그러지는 플라스틱으로 만든 페트병이면 그냥 쓰레기통에 버리지 말고 따로 모아서 버려야 해요. 음료수나 물이 담겨 있던 페트병을 어떻게 버려야 하는지 알아볼까요?

쓰레기를 버리면 어떻게 처리한다고 했죠? 땅에 묻거나 불을 붙여서 태워요. 그런데 플라스틱으로 만들어진 페트병은 땅에 묻어도 잘 썩지 않고, 불에 태우면 몸에 해로운 독성 물질과 온실가스가 나와서 재활용하는 게 좋아요.

앞에서 플라스틱이 바다에 많이 버려지면 물고기들이 위험하다고 했죠? 바다에는 버려진 플라스틱 덩어리가 떠다니는 곳들이 많은데, 그 덩어리 중에는 우리나라보다 큰 것도 있어요. 그래서 페트병도 함부로 버리면 안 돼요.

재활용을 한다고 해서 물이나 주스가 담겨 있던 병에 또다시 물을 담아서 마시는 건 아니에요. 우리가 버린 페트병을 잘게 부수고, 그걸 가지고 다른 물건을 만들어서 다시 쓰는 거죠. 그래서 페트병을 버릴 때는 일단 물로 깨끗하게 씻어야 해요. 가끔 길에 버려진 페트병을 보면 물이나 음료수가 그대로 묻어 있는 경우가 많죠? 그렇게 버리면 안 돼요. 정해지지 않은 곳에

아무렇게나 버린 것도 나쁘고, 깨끗하지 않은 상태로 버린 것도 나빠요.

씻은 다음에는 그림이 그려져 있거나 이름이 적혀 있는 부분을 떼어 내야 해요. 병에 붙은 종이나 비닐이 있으면 모두 떼세요. 점선을 따라서 손으로 떼어 내도 되는데, 잘 안 떨어지는 경우도 있어요. 그럴 때는 다른 가족에게 얘기해서 도와 달라고 하세요.

모두 떼었으면 이제는 병을 손으로 꾹꾹 누르거나 발로 밟아서 찌그러뜨리세요. 페트병을 버리는 사람이 너무 많아서, 잘 찌그러뜨려야 쓰레기를 운반할 때 편리하고, 나중에 잘게 부술 때도 좋아요.

이때 주의할 점이 있어요. 누를 때는 손 다치지 않게 조심하고, 발로 밟을 때도 미끄러지거나 병이 튀어서 다른 사람이 다치지 않게 조심하세요. 아무 곳에서나 막 밟아서 버리지 말고, 쓰레기 버리는 날 한번에 모아서, 다른 가족이랑 같이 찌그러뜨리세요. 그래야 안전합니다.

뚜껑은 꼭 닫아서 버려도 되고, 열어서 따로 버려도 돼요. 그런데 뚜껑이랑 페트병 모두 플라스틱이지만, 자세히 보면 서로 다른 종류의 플라스틱이에요. 색깔도 다르잖아요. 그래서 뚜껑은 따로 버리는 게 좋아요.

문제는 뚜껑 크기가 너무 작아서 따로 모으면 가져갈 때 불편하다는 점이에요. 요즘은 뚜껑이랑 페트병을 한꺼번에 잘게 부순 다음 뚜껑 조각 따로, 페트병 조각 따로 모아서 처리하는 기술이 있어요. 하지만 어차피 나중에 구분해야 하니까 집에서 버릴 때 따로 버려도 좋습니다.

투명한 페트병에 담긴 생수를 마시는 경우도 있죠? 물이 담긴 페트병도 똑같은 방법으로 버리면 됩니다. 오늘은 집 냉장고에서 투명한 페트병을 찾아보고, 다 마신 뒤에 어떻게 버려야 하는지 가족들이랑 얘기해 보세요.

색 있는 페트병의 분리수거

유색 페트병은 내용물을 비우고 물로 깨끗이 씻은 다음 겉에 붙은 상표 등 비닐 라벨을 남김없이 떼어 내고 압축해서 플라스틱으로 분리배출한다. 유색 페트병은 생수병 등 투명 페트병과 반드시 분리해서 배출해야 한다. 유색 페트병과 투명 페트병이 섞이면 투명 페트병의 재활용 품질이 떨어지기 때문이다. 원칙적으로 재활용을 해서 다른 물건을 만들려면 이물질이 들어가면 안 되고, 다른 것들이 섞이지도 않아야 한다. 색이 들어간 페트병은 불순물이 섞여 재활용하기 어렵고, 재활용 비용도 상대적으로 많이 든다.

3 다양한 쓰레기

플라스틱은 환경에 얼마나 나쁜가요?

— 플라스틱 줄이기

플라스틱 사용을 줄여야 한다는 얘기 들어 보셨나요? 플라스틱을 너무 많이 쓰면 지구가 병든다는데, 왜 그런지 알려 줄게요.

플라스틱이 뭔지 아세요? 여러분이 쓰는 칫솔 손잡이나 치약 뚜껑, 냉장고에 들어 있는 물통 같은 게 플라스틱이에요. 장난감 중에 혹시 블록 장난감이 있나요? 블록 장난감도 플라스틱이고, 장난감 중에도 플라스틱이 많아요. 음료수 마실 때 쓰는 빨대도 플라스틱이고요. 플라스틱은 색깔이 예쁜 것도 있고

투명한 것도 있어요. 딱딱한 것도 있지만 말랑말랑한 것도 있고요. 또 우리가 입고 있는 옷에도 플라스틱이 들어가 있어요. 지금 다른 가족에게 플라스틱을 열 개만 찾아 달라고 해 보세요. 우리 주변에 아주 많아요. 사람들이 플라스틱을 정말 많이 쓰거든요. 그래서 버려지는 플라스틱도 많은 거고요.

여러분 동네에서 분리수거하는 날, 쓰레기를 버리러 한번 나가 보세요. 동네 사람들이 버린 플라스틱이 잔뜩 쌓여 있을 거예요. 플라스틱이 매일 그만큼씩 버려지니까 그 많은 플라스틱을 보관할 곳이 없어요. 그래서 버려진 플라스틱이 여기저기 흩어져 지구를 오염시키는 거죠. 길가에 아무렇게나 굴러다니기도 하고, 바람에 날려 여기저기 떠다니다 바다로 흘러 들어가기도 하고요.

우리가 쓰레기를 버리면 그걸 모아서 불에 태운 뒤에 타고 남은 재는 땅에 묻어요. 그냥 묻는 것들도 있는데, 그런 쓰레기는 시간이 지나면 전부 썩어서 없어져요. 하지만 플라스틱은 불에 태울 수도 없고, 땅에 묻어도 썩지 않아서 그대로 남아요. 예전에 외국의 한 대학교에서 조사를 했는데, 블록 장난감이 바다에 빠지면 천 년이 지나도 썩지 않는대요. 천 년이 얼마큼의 시간인지 아세요? 100년이 열 번 지나가야 천 년이니까, 얼마나 긴 세월인지 짐작이 되나요?

많이 버리고 여기저기 쌓여 있어서 문제인데, 그렇게 버려진 플라스틱 조각을 동물들이 먹이로 착각해 먹는 경우가 많아서 더 문제예요. 색깔이 알록달록하고 작게 부서진 플라스틱은 새들이 보기에 맛있는 음식으로 보일 수도 있거든요. 바다에 떠다니는 작은 플라스틱 조각들을 물고기가 먹을 수도 있고요. 딱딱한 플라스틱을 삼키면 위험하겠죠? 그래서 동물들이 목숨

을 잃기도 해요. 플라스틱 중에는 눈에 안 보일 만큼 아주 작은 것들도 있는데, 물고기가 그런 플라스틱을 많이 먹으면 사람이 먹는 생선 몸속에도 플라스틱이 남아 있을 수 있어요.

이런 몇몇 예를 들어 가며 플라스틱을 많이 버리면 안 된다고 하니까 플라스틱은 나쁜 걸까요? 꼭 그렇지는 않아요. 사실 플라스틱의 좋은 점도 있거든요. 만약에 여러분이 음료수를 마실 때 사용하는 빨대를 대나무나 사탕수수로 만들면 어떻게 될까요. 우리가 쓰는 빨대를 전부 만들려면 대나무나 사탕수수를 아주 많이 심어야 해요. 나무를 심는 땅과 자라는 데 필요한 물도 있어야 하고요. 그래서 무조건 플라스틱을 없애는 게 좋은 것만은 아니에요.

그러면 어떻게 해야 할까요? 플라스틱을 모두 없앨 수는 없지만, 그래도 지금보다는 조금만 쓰는 게 좋아요. 여러분이 물 마시는 컵이나 밥 먹을 때 쓰는 그릇은 플라스틱도 많아요. 깨뜨려서 여러분이 다칠까 봐 조심하느라 플라스틱을 쓰는 거예요. 플라스틱은 잘 안 깨지거든요. 그래서 나중에 여러분이 그릇이나 컵을 잘 다룰 수 있게 되면 플라스틱 대신 다른 재질로 만든 걸 쓰는 게 좋아요.

그릇이나 컵 말고 플라스틱을 줄일 수 있는 방법은 뭐가 있을까요? 가족들이랑 플라스틱을 줄이려면 어떻게 하면 좋을지 얘기해 보세요. 어떤 사람들은 플라스틱이 아니라 나무로 만든 칫솔을 쓴대요. 플라스틱에 담긴 물건을 사지 않으려고 그릇을 집에서 가져가는 사람도 있고요. 여러분과 가족들은 어떤 걸 할 수 있을까요?

🍃 플라스틱의 재활용

열이나 압력을 주어 일정한 모양을 만들 수 있는 화합물인 플라스틱은 1869년 당구공의 재료인 상아(코끼리의 엄니)를 대신하기 위해 처음 발명되었다. 플라스틱은 유리처럼 깨지지도 않고, 쇠처럼 녹슬지도 않고, 금속처럼 무겁지도 않아 우리 생활에 필요한 다양한 물건을 만드는 데 쓰인다. 하지만 잘 썩지 않고, 태우면 생물에 큰 해가 되는 가스가 나오기 때문에 환경 오염의 주된 원인이기도 하다.

플라스틱은 재활용할 수 있지만 모든 플라스틱이 제대로 재활용되는 건 아니며, 재활용이 쉽지 않다고 한다. 플라스틱의 소재가 다양한 데다 같은 소재라도 가공 방식이나 사용되는 첨가제에 따라 쓰이는 곳이 다른 데, 다시 사용할 수 있게 만들려면 각 제품의 재질과 쓰임에 맞게 기술과 공정을 다 달리해야 하기 때문이다.

3 다양한 쓰레기

쓰레기봉투에도 이름이 있나요?

— 쓰레기 종량제

여러분은 쓰레기를 어디에 버리는지 알고 있나요? 바닥이나 길에 함부로 버리면 안 되고 쓰레기통이나 휴지통에 잘 넣어야죠. 그런데 쓰레기통에 모은 걸 집 밖으로 내놓을 때는 어디에 담는지 아세요? 잘 모르면 다른 가족들에게 한번 물어보세요.

쓰레기는 아무 데나 담아서 내놓으면 안 됩니다. 꼭 쓰레기봉투에 버려야 해요. 쓰레기봉투는 여러분 집에도 있어요. 그냥 비닐봉지나 아무렇게나 만든 가방이 아니라, 쓰레기를 담기 위해서 특별히 만든 봉투가 따로 있어요. 집에서 그 봉투를 한

번 찾아보세요.

쓰레기를 담아 버리는 정해진 크기의 봉투를 '종량제 봉투'라고 불러요. 만일 여러분이 서울 송파구에 산다면, 여러분 집에 있는 봉투에는 '송파구 종량제 봉투' 그리고 '생활폐기물용'이라고 쓰여 있을 거예요. 맞는지 확인해 보세요.

생활 폐기물은 보통 사람들이 집에서 버리는 쓰레기라는 뜻이에요. 우리가 집에서 사용하는 세탁기, 냉장고, 텔레비전 같은 가전제품 가운데 고장 나서 버려야 하는 것들, 옷 중에도 작거나 낡아서 버리는 것, 음식물 쓰레기, 그리고 과자 봉지나 휴지 등등 생활에서 발생한 못 쓰게 되어 버리는 것들을 모두 생활 폐기물이라고 해요.

그러면 '종량제'는 뭘까요? 무슨 말인지 잘 모르겠죠? 무슨 얘기냐 하면, 내가 쓴 양만큼 돈을 낸다는 뜻이에요. 천 원짜리 빵을 두 개 사 먹으면 2000원, 세 개 사 먹으면 3000원을 내야 하잖아요. 그것처럼 쓰레기를 버릴 때도 돈이 필요한데, 조금 버리면 돈도 조금 내고, 많이 버리면 돈을 많이 내서 '종량제'라고 하는 거예요.

쓰레기를 버릴 때마다 누구한테 돈을 내는 건 아니고요, 종량제 봉투를 돈 주고 사서 거기다 쓰레기를 버린다는 얘기예요. 작은 봉투에는 쓰레기가 조금 들어가고 큰 봉투에는 많이 들어가니까, 작은 봉투는 싸고 큰 봉투는 비싸요. 그래서 쓰레

기를 많이 버릴 때는 돈이 더 많이 드는 거죠.

쓰레기를 왜 돈 내고 버리냐면, 우리가 버리는 쓰레기를 청소하는 분들이 모아서 가져가고 쓰레기장에서 그걸 치우고 정리하려면 시간도 많이 들고 또 힘도 들 거예요. 그런 일을 하는 데 돈도 필요하고요. 그래서 쓰레기를 아무 데나 막 버리는 게 아니라, 정해진 봉투를 사서 거기에만 버리라는 법을 예전에 만들었어요.

쓰레기를 버리는 양만큼 돈을 낸다는 뜻에서 '쓰레기 종량제'라고 부르는데요, 이 제도는 1995년에 생겼어요. 여러분 엄마, 아빠가 지금보다 훨씬 젊을 때요. 쓰레기봉투에 이름이 생긴 것도 그때부터고요.

종량제 봉투는 여러 가지가 있어요. 동네마다 봉투가 다르거든요. 여러분이 사는 곳 근처에서 산 봉투만 써야 돼요. 옆집이나 앞집처럼 우리 집이랑 가까운 곳은 똑같은 봉투를 쓰지만, 차 타고 멀리 가야 하는 곳은 봉투 모양이 달라요.

쓰레기봉투에 이름 붙이고 꼭 거기에만 담아 버리라고 하는 데는 쓰레기를 너무 많이 버리지 말라는 뜻도 있어요. 봉투를 돈 주고 사야 하니까 아무렇게나 버리지 않고 잘 모아서 버리잖아요. 그러니까 여러분도 쓰레기를 너무 많이 버리지 말고, 정해진 곳에 깨끗하게 잘 버리세요. 다음에 종량제 봉투를 집 밖에 내놓을 때는 여러분도 한번 같이 가 보세요.

🌿 종량제 봉투 종류

1995년 1월부터 전국적으로 시행된 '쓰레기 종량제'는 쓰레기가 발생하는 양에 따라 수수료를 부담하게 해 쓰레기 배출을 줄이기 위한 제도다. 이때부터 정해진 쓰레기봉투인 '종량제 봉투'에 쓰레기를 버리지 않으면 수거해 가지 않게 되었다. 종량제 봉투는 용도와 규격이 다르며, 용도와 규격에 따라 봉툿값도 다르다. 일반 쓰레기를 버리는 종량제 봉투는 5ℓ(리터), 10ℓ, 20ℓ, 30ℓ, 50ℓ, 75ℓ, 100ℓ 등으로 구분된다. 일부 지자체 등에서는 청소 노동자의 안전을 생각해 100ℓ 대신 75ℓ를 사용하라고 권장하기도 한다.

음식물 쓰레기를 봉투에 버리는 곳에서는 음식물 쓰레기봉투를 따로 사야 한다. 음식물 같은 폐기물은 (음식물) 처리기를 사용하거나 스티커를 사용하는 등 지자체마다 다른 방법으로 버린다.

3 다양한 쓰레기

빨대가 없으면 어떻게 마셔요?

— 일회용 빨대가 환경에 미치는 영향

물이나 음료수 마시면서 빨대 써 본 적 있나요? 음료수 팩 옆에 붙어 있는 빨대를 떼서 먹어 본 적도 있을 거고, 예전에는 손잡이와 빨대가 달린 컵으로 물을 마셔 본 적도 있겠죠? 혹시 최근에도 빨대로 마신 적이 있나요?

빨대는 편하고 안전해요. 컵이 쓰러지면 물이 쏟아질 수 있는데, 뚜껑을 닫고 빨대를 꽂아 두면 혹시 컵이 흔들려도 안에 있는 물이나 음료수가 쏟아지지 않으니까요. 컵을 입에 대고 마시다 보면 너무 많이 기울여서 쏟을 수도 있는데, 빨대를 사용하면 먹고 싶은 만큼만 먹을 수 있어서 좋죠.

그런데 요즘은 빨대가 붙어 있지 않은 우유 팩이나 음료수 팩이 많아졌어요. 빨대가 없으면 팩에 표시된 선을 가위로 자르거나 뚜껑을 열고 컵에 따라 마셔야 하니까 불편하겠죠? 만약에 컵이 없으면 그냥 입 대고 마셔야 하고요. 그러다 우유나 음료수를 흘릴 수도 있고 입 닿는 곳이 더러울 수도 있는데, 왜 빨대를 없앴을까요?

빨대는 한 번 쓰고 버리죠? 씻어서 또 쓰는 게 아니라, 물이나 우유 또는 음료수를 다 마시고 나면 바로 버리잖아요. 그래서 빨대를 많이 쓰면 쓰레기가 많아집니다. 한 번 쓴 빨대는 깨끗하게 만들어 다시 쓸 수 없어서 다들 그냥 버려요. '재활용'이 안 되거든요. 그러니까 환경을 보호하려고 빨대 사용을 줄이자고 말하는 사람이 많은 거예요.

여러분 집에 플라스틱 그릇이 있나요? 있으면 가져와서 한 번 만져 보세요. 딱딱하죠? 그런데 빨대는 딱딱하지 않아요. 그리고 얇아요. 플라스틱을 재활용할 때는 씻어서 그냥 쓰는 게 아니라, 거기서 필요한 재료를 뽑아 다시 만들어야 해요. 그런데 빨대는 너무 얇아서 필요한 재료를 다시 꺼낼 수가 없대요. 그래서 일회용품이라고 하는 거예요.

음료수 팩에 붙어 있는 빨대에는 또 다른 문제가 있어요. 비닐에 담겨 있거든요. 빨대에 손을 대거나 먼지가 묻으면 먹을 때 더러우니까 깨끗하게 하려고 비닐에 담았는데, 비닐도 일회용품이어서 많이 버리면 안 돼요. 빨대를 그냥 놓아두면 더러워질 수 있어서 비닐에 넣을 수밖에 없는데, 빨대도 버리고 비닐도 버려야 하니까 한 번 마시는 데 쓰레기를 두 개나 만드는 거랍니다.

 요즘은 여러 번 쓰는 빨대도 많아요. 한 번 먹고 버리는 게 아니라 씻어서 다시 쓰는 거죠. 나무로 만든 빨대도 있고, 유리

로 만든 것도 있대요. 이런 빨대들은 씻어서 또 쓸 수 있다고 합니다. 또 버려도 빨리 썩어서 없어지라고 종이로 만든 빨대도 있고요. 플라스틱은 썩지 않아서 오랫동안 남아 있고, 그걸 동물들이 먹이로 잘못 알고 먹어서 위험해질 수도 있는데, 종이는 플라스틱보다 빨리 없어진대요.

빨대는 정말 편해요. 안전하기도 하고요. 그런데 너무 자주 쓰면 쓰레기가 많이 나오니까 줄이는 게 좋아요. 여러분이 마시는 음료수에 빨대가 꽂혀 있는지, 빨대를 안 쓰려면 어떻게 먹어야 안전하고 좋을지 가족들이랑 한번 얘기해 보세요. 컵에 따라 들고 마실 때는 흘리거나 쏟지 않게 조심하고요.

재활용품인 척하는 일반 쓰레기

쓰레기를 버릴 때 가장 중요한 건 재활용되는 것인지 일반 쓰레기인지 구분하는 일이다. 오랫동안 분리배출을 해 왔는데도 헷갈리는 것이 너무나 많다. 분리배출의 네 가지 원칙은 '비운다, 헹군다, 분리한다, 섞지 않는다'인데, 큰 틀에서의 원칙은 서로 다른 소재끼리 섞지 않는 것이다. 여러 소재가 섞인 제품은 재활용하기가 어렵기 때문이다. 예를 들어 칫솔은 고무 손잡이와 칫솔모, 플라스틱 뼈대 등 재질이 섞여 있어 재활용할 수 없다. 볼펜도 칫솔과 비슷한 경우고, 즉석 밥 용기나 스마트폰 케이스도 여러 재질을 사용하고 비율과 재료가 달라서 재활용하기 어렵다. 이 밖에 코팅 종이, 영수증, 이물질이 묻은 용기나 비닐류, 빨대, 일회용 숟가락과 포크 같은 플라스틱이 재활용 가능한 척하는 일반 쓰레기다.

3 다양한 쓰레기

집에서 **일회용**을 찾아보세요!

— 일회용품 사용 줄이는 법

여러분, 일회용이 무슨 말인지 아세요? 일회용은 숫자 1, 2, 3을 말할 때의 그 '일'을 나타내요. 여러 번 쓰거나 계속 가지고 있는 게 아니라 '한 번만 쓰고 버림 또는 그런 것'이라는 뜻이에요. 한 번만 쓰고 바로 버려서 쉽게 쓰레기가 되는 것들을 '일회용품'이라고 부릅니다.

 세상에는 한 번 쓰는 게 당연한 것들도 있어요. 화장실에서 쓴 휴지를 또 쓰려면 그건 너무 더럽잖아요. 이런 건 한 번만 써야죠. 병원에서 주사를 맞을 때도 그래요. 한 사람에게 사용한

주삿바늘을 다른 사람한테 또 꽂으면 위험합니다. 그런 것들도 꼭 한 번만 써야 안전해요.

그런데 여러 번 쓸 수 있는 물건이 있는데도 한 번 쓰고 버리는 일회용품을 사용하는 것들이 있어요. 밥 먹을 때 쓰는 그릇이나 숟가락, 물 마시는 컵 같은 것들이요. 집에서 매일 쓰는 물건은 깨끗이 씻어서 다시 쓰는데, 일회용 그릇이나 일회용 숟가락이 생기면 한 번 쓰고 그대로 버리곤 하죠.

한 번 쓰고 버리는 물건들은 주로 비닐이나 플라스틱처럼 싸고 가볍지만 잘 썩지 않는 것들로 만들어요. 그런 걸 전부 버리면 우리 집은 깨끗해져도 다른 곳에 플라스틱과 비닐이 마구 쌓여 지구는 더러워지고 말아요. 일회용으로 버려진 쓰레기가 여기저기 굴러다니면 동물들이 먹이인 줄 알고 먹다가 다치기도 하고, 바다로 흘러가서 물이 더러워지는 경우도 생겨요.

만약에 일회용품을 버리지 않고 여러분 방에 계속 쌓아 두면 나중에 어떻게 될까요? 방이 더러워질 뿐만 아니라 생활하는 데도 많이 불편하겠죠? 장난감이나 옷, 책 같은 중요한 걸 놓아둘 공간이 좁아질 테니까요. 일회용품을 집 밖에 버리면 바깥도 그렇게 되는 겁니다. 지구는 여러분 방보다 어마어마하게 크고 넓지만, 우리 가족 말고 다른 집에서도 일회용품들을 버리니까 지구에도 더러운 것들이 계속 쌓여 가겠죠.

지금 거실이나 주방에 가서 그릇이나 수저, 컵을 살펴보세요. 가족들 방에도 들어가 보고요. 일회용품이 얼마나 있나요? 집에 계속 가지고 있으면서 오래 쓰는 물건들이 뭐가 있는지, 한 번만 쓰고 버리는 물건은 또 뭐가 있는지 가족들이랑 찾아보세요.

어때요? 일회용품이 많은가요, 아니면 적은가요? 그러면 이번에는 냉장고를 한번 열어 보세요. 먹을 걸 담아 놓은 그릇 중에 일회용품이 있는지 눈여겨보세요. 집 안에 재활용품을 모아 둔 곳이 있으면 거기 가서 버려진 일회용품이 있는지도 살펴보고요.

아마 여러분 집에도 일회용품들이 있겠죠? 그럼 지구가 더러워지지 않게 하려면 어떻게 하는 게 좋을까요? 한 번 쓰고 버리는 물건 대신 계속 쓸 수 있는 물건을 많이 사용하는 거예요. 일회용 컵으로 물 열 잔을 마시면 컵 열 개를 버려야 하지만, 컵을 계속 씻어서 마시면 버리지 않아도 되거든요. 컵을 씻는 게 조금 귀찮고, 깨끗이 씻지 않으면 더러운 물을 마실 수도 있지만, 그래도 컵을 깨끗이 씻어서 다시 먹는 게 지구에 훨씬 좋은 일이랍니다.

집에서 밥을 해 먹지 않고 시켜서 먹을 때도 있죠? 배달 음식이나 식당에 가서 포장해 오는 음식 말이에요. 그런 걸 먹을 때는 일회용 그릇이 많이 생길 수 있어요. 집에 숟가락이나 젓가락이 있는데도 일회용품이 와서 그걸 쓰고 버릴 수도 있고요. 그러니까 앞으로는 집에 있는 것들을 더 많이 쓰자고 가족들한테 말해 보세요.

일회용품인 척하지만 일회용품이 아닌 것

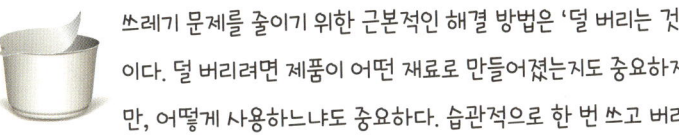

쓰레기 문제를 줄이기 위한 근본적인 해결 방법은 '덜 버리는 것'이다. 덜 버리려면 제품이 어떤 재료로 만들어졌는지도 중요하지만, 어떻게 사용하느냐도 중요하다. 습관적으로 한 번 쓰고 버리던 물건을 다시 쓰는 것도 좋은 방법이라는 뜻이다. 일회용 비닐 봉투도 가벼운 장바구니 등으로 여러 번 사용할 수 있고, 배달 음식 용기도 깨끗하게 씻어서 다양한 용도로 여러 번 다시 쓸 수 있다. 일회용 포장재나 용기를 다시 사용할 때는 위생 문제가 생기지 않도록 잘 씻고 깨끗하게 말려야 한다.

3 다양한 쓰레기

과자 봉지는 어떻게 버리나요?

— 과자 봉지의 에너지 재활용

여러분은 쓰레기와 재활용품의 차이를 알고 있나요? 쓰레기는 버리면 땅에 묻거나, 불에 태워서 타고 남은 걸 땅에 묻어요. 그런데 재활용품은 완전히 버리는 게 아니고, 우리가 버린 걸 모아서 다시 쓰는 거예요. 플라스틱이나 비닐, 종이 같은 것들을 쓰레기봉투에 버리지 않고 재활용품으로 따로 모으는 이유가 바로 그래서예요.

오늘은 비닐 버리는 방법을 알려 줄게요. 비닐이 뭔지 알죠? 하얀색이나 검은색의 얇은 봉투요. 가볍고 손잡이가 있어서 들고 다니기 편하죠. 물건 사면 거기에 담아 주기도 하고요. 지금 여러분 집에도 비닐이 있을 거예요. 한번 찾아보세요. 쓰레기를 버리는 봉투도 비닐인데, 그건 '종량제 봉투'라고 하죠. 종량제 봉투 말고 다른 비닐들은 잘 모았다가 나중에 재활용품 버릴 때 같이 집 밖에 내놓으세요.

비닐이 하얀색이나 검은색만 있는 건 아니에요. 우리가 간식으로 먹는 과자나 라면 봉지도 비닐이에요. 비닐 봉투랑은 조금 다르게 생겼지만, 그래도 같은 비닐이니까 꼭 함께 버리세요. 구분하기 어려울 수도 있는데, 비닐은 딱딱하지 않고 종이랑도 달라요. 헷갈리면 가족들한테 한번 물어보세요.

그런데 과자 봉지를 버릴 때는 주의해야 할 게 있어요. 봉지 안에 과자가 남아 있으면 안 되고, 가루도 묻어 있지 않은 게 좋아요. 그러니 다 먹은 다음에는 봉지를 깨끗하게 비우고 버려 주세요.

우리가 버린 과자 봉지는 재활용이 됩니다. 그렇다고 그 봉지에 다시 과자를 담아 먹는다는 얘기는 아니에요. 그 봉지를 가지고 완전히 다른 일을 하는 거예요.

재활용에는 두 종류가 있어요. 이름이 좀 어려운데요, 하나는 '물질 재활용' 그리고 또 하나는 '에너지 재활용'이에요.

물질이 뭐냐면, 우리 주변에 있는 물건이나 그 물건을 만드는 재료예요.

에너지는 '힘'이라고 이해하면 되는데요. 스마트폰 쓰려면 배터리를 충전해야 하잖아요. 자동차가 달리려면 기름을 넣어야 하고요. 스마트폰이나 자동차를 잘 쓸 수 있게 해 주는, 그러니까 배터리나 기름에서 나오는 힘이 있는데요, 그런 걸 에너지라고 불러요.

버린 물건 가지고 다른 물건을 새로 만드는 건 '물질 재활용'이에요. 버린 물건을 불에 태우면 뜨거운 열이 나오는데, 그 열을 가지고 다른 기계를 움직이게 하거나 주위를 따뜻하게 만드는 건 '에너지 재활용'이고요.

라면 봉지나 과자 봉지는 다 먹고 난 뒤에도 기름기가 묻어 있고, 봉지에 커다란 그림이나 글씨들이 많아서 다른 물건의 재료로 쓰기는 어려워요. 하얀 봉투를 만드는 데 빨간색이 들어 있거나 글자가 많으면 안 되잖아요. 깨끗한 비닐로 만들어야 새로 만든 물건도 튼튼하고 예쁘겠죠. 그래서 먹을 게 묻어 있고 색깔도 많이 들어간 과자 봉지는 불에 태워 에너지로 써요.

물건을 새로 만드는 것만 재활용이 아니라 에너지로 쓰는 것도 훌륭한 재활용이거든요. 그러니까 앞으로 과자 봉지는 다른 쓰레기랑 같이 버리지 말고 꼭 비닐이랑 같이 버리세요.

과자 봉지 재활용법

비닐도 플라스틱이다. 부드러운 성질을 가진 아주 얇은 플라스틱. 흔히 사용하는 비닐 봉투나 포장용 비닐은 '저밀도 폴리에틸렌(LDPE)'이다. 이들은 단단하지는 않지만 신축성이 있는 소재로, 물기를 견디고 보온력이 좋아 종이컵 안쪽의 코팅 재료로 쓰인다. 환경부와 한국환경공단 등이 제작한 누구나 손쉽게 분리수거를 할 수 있도록 올바른 분리배출 방법을 알려 주는 '내 손안의 분리배출' 앱에 따르면, 비닐 포장재와 일회용 비닐 봉투는 내용물을 비우고 물로 헹구는 등 이물질을 없앤 뒤에 배출해야 한다. 흩날리지 않도록 봉투에 담아서 배출하고, 비닐류 수거함이 있다면 그곳에 따로 모아야 한다. 제대로 분리배출된 비닐은 재활용된다. 다른 제품의 재료로 재활용하는 (물질 재활용) 사례도 있지만, 열 회수 등 (에너지 재활용)의 형태로 더 많이 처리된다.

속속들이 보여 주는 **환경 이슈 27**

분리수거 실천 방법

4

4 분리수거 실천 방법

박스랑 종이는 어떻게 나눠서 버리나요?

— 꼼꼼한 분리배출의 중요성

여러분은 쓰레기를 어떻게 버리나요? 방이나 거실에 있는 휴지통에 버리기도 하고, 플라스틱이나 종이는 따로 모아서 버리죠? '분리수거'를 잘해야 한다는 말도 많이 들어 봤을 거예요. 그러면 혹시 모아 둔 쓰레기를 집 밖으로 직접 내놓아 본 적도 있나요?

분리수거를 하는 이유는 그냥 다 버리지 말고 재활용할 수 있는 것들은 따로 모아서 쓰레기를 줄이기 위해서예요. 우리가 버린 쓰레기들이 곳곳에 쌓이고 오염을 일으켜 환경에 나쁜 영향을 미치니까요.

　주의할 점은, 재활용이 되는 물건이라고 무조건 다 같이 모아서 버리면 안 된다는 거예요. 보통 유리나 종이, 플라스틱 같은 것들을 따로 모아서 버리면 그걸 가져가서 재활용하는데, 그냥 한꺼번에 적당히 씻어서 다시 사용하는 건 아니고, 복잡한 과정을 거쳐 꼼꼼하게 처리해서 다른 물건으로 만드는 경우가 많아요.

　종이를 예로 들어 볼게요. 여러분이 버린 종이를 다시 사용하려면 어떻게 할까요? 그림을 그리거나 글씨를 쓴 종이를 그대로 다시 쓸 수는 없잖아요. 버려진 종이를 다시 종이로 만들 때는 모두 모아서 물에 불린 다음 갈아서 처리해야 됩니다.

　종이 하나를 가지고 똑같은 품질의 종이 하나를 만드는 건 아니고, 여러 개를 가지고 원래보다는 품질이 조금 떨어지는, 하지만 다른 용도로 한 번 더 사용할 수 있는 종이를 하나 만든다고 생각하면 돼요.

　깨끗한 종이들을 처리하는 데는 별 문제가 없지만, 그 종이에 스카치테이프가 붙어 있거나 스테이플러 심이 박혀 있으면 새롭게 만드는 과정에서 기계에 걸리거나 여러 문제가 생길 수 있어요. 그래서 다른 사람이 일일이 그걸 다시 처리해야 하는 경우도 있고, 어떤 때는 재활용되지 않고 버려지는 경우도 있어요. 그래서 종이를 버릴 때는 이물질이 붙어 있으면 모두 떼어 내야 해요.

혹시 우유 마시고 팩을 버려 본 적 있나요? 우유 팩은 빳빳한 종이니까 다 마신 다음에 다른 종이들이랑 같이 버렸나요? 안 됩니다. 그러면 안 돼요. 우유 팩은 원래 색깔이 다 보일 만큼 깨끗하게 물로 빡빡 씻어서 다른 종이와 구분해 버려야 해요. 우유나 음료수 같은 액체를 담는 데 쓰는 종이 팩은 일반 종이와 따로 버려야 하거든요.

너무 복잡하죠? 하지만 걱정하지 마세요. '내 손안의 분리배출'이라는 앱을 다운받으면 재활용 쓰레기를 어떻게 버려야 하는지 모두 검색할 수 있어요.

상자를 버릴 때도 마찬가지예요. 물건을 포장했던 상자에는 대부분 테이프가 붙어 있어요. 상자를 제대로 뜯지 않으면 옆면에 테이프가 그대로 남을 수도 있어요. 또 상자를 크고 두껍게 만들기 위해 모서리에 커다란 철심을 넣기도 하죠. 이런 것들을 모두 떼어 내고 깨끗하게 뗀 다음 납작하게 눌러서 버려야 다시 사용할 수 있습니다.

이렇게 꼼꼼하게 정리해서 버려야 하는 이유는 뭘까요? 우리나라는 쓰레기 재활용률이 세계에서 두 번째로 높아요. 사람들이 모두 '분리수거'를 잘해서 그래요. 그런데 우리가 버린 재활용품을 처리하는 과정에서 결국 재활용하지 못하고 다시 버리는 것들도 많아요.

집에서 분리수거를 했는데 결국 재활용이 안 되는 이유는, 꼼꼼하게 나눠서 버리지 않았기 때문이에요. 오늘부터 종이나 상자를 버릴 때는 더럽거나 이상한 것들이 묻어 있지 않은지 살펴보고 깨끗하게 버리세요.

종이류와 일반 쓰레기 구분법

종이는 한꺼번에 모아 버리지 말고 구분해서 분리배출 해야 한다. '신문지'는 물기에 젖지 않도록 하고 반듯하게 펴서 차곡차곡 쌓은 후 묶어서 내놓는다. 종이라고 해도 비닐 코팅된 광고지나 전단지, 사진이나 비닐류, 기타 오물이 묻은 종이는 재활용되지 않는 일반 쓰레기이므로 종량제 봉투에 버려야 한다. '책자, 노트' 같은 경우는 비닐 코팅된 표지나 스프링 등을 모두 제거하고 배출해야 한다. 골판지 상자 등 '상자류'도 비닐 코팅된 부분, 상자에 붙어 있는 테이프, 철핀 등을 제거한 후 차곡차곡 쌓은 다음 옮기기 쉽게 묶어서 배출한다.

4 분리수거 실천 방법

작아진 옷, 그냥 버리면 안 될까요?

── 패션이 환경에 미치는 영향

우리나라에는 봄, 여름, 가을, 겨울 사계절이 있어서 계절별로 다른 옷을 입어요. 날씨가 더울 때는 얇고 시원한 옷을 입어야 하고, 추우면 길고 두꺼운 옷을 입지요. 그래서 사람마다 다르긴 하지만, 옷의 종류가 많고 다양한 편이에요. 옷은 시대에 따라 변해 왔고, 옛날에는 신분에 따라서도 입는 옷이 달랐다고 해요. 여러분은 오늘 무슨 옷을 입었나요?

옷장을 한번 열어 보세요. 어떤 종류의 옷이 많은가요? 그 가운데 혹시 작년에도 입었던 옷은 얼마나 있나요? 작년보다

키가 많이 컸으면 작아져서 못 입는 옷도 있겠네요. 어른들은 작년이나 올해나 키가 똑같지만, 여러분은 키가 계속 크잖아요. 그래서 예전에 입던 옷을 못 입는 경우가 많죠. 또 예전에는 좋아했는데 지금은 입기 싫어진 옷이 있을 수도 있고요.

작아지거나 싫증 난 안 입는 옷은 어떻게 했나요? 여러분보다 동생에게 주기도 하고, 부모님이 어디론가 가져가시기도 하고, 그냥 버린 경우도 있겠죠? 그러면 안 입는 옷은 어떻게 하는 게 제일 좋을까요?

지금 입고 있는 옷을 한번 만져 보세요. 손으로 비벼 보고 쭉 잡아당겨 보세요. 잘 늘어나나요? 이번에는 두 손으로 당겨서 팔을 벌려 보세요. 어때요, 찢어지거나 구멍이 생기나요? 아니죠. 늘어났다가 다시 원래대로 돌아오잖아요. 참 질기고 튼튼하죠. 그래서 옷을 여러 번 입어도, 세탁기에 넣고 오랫동안 빨아도 망가지지 않고 다시 입을 수 있는 거예요.

옷은 종이랑 달라서 얇아도 질이 좋고 튼튼해요. 그래서 비나 바람으로부터 몸을 지켜 주기도 하고, 여름에는 햇볕을 막으면서 공기가 잘 통하게 해 주기도 하죠.

얇은데도 다양한 기능을 갖추려면 어떻게 해야 했을까요? 옷은 자연적으로 생긴 게 아니라 인간이 여러 복잡한 과정을 거쳐서 만든 거잖아요. 그 과정에 정말 많은 에너지가 필요합니다. 옷의 재료가 되는 섬유를 만들려면 목화부터 재배해야 하는

데, 목화를 재배하려면 물도 많이 줘야 하고 살충제도 뿌려야 하고요.

하얀색 옷도 있지만 색깔이 들어간 옷도 많죠? 옷에 무늬나 그림이 새겨진 것도 있고요.

색이나 무늬를 넣으려면 여러 공정이 필요하고, 그때마다 에너지를 많이 써야 합니다. 옷이 줄어들거나 주름이 생기는 걸 막기 위해서 화학 물질을 사용하기도 하고요. 또한 옷을 만들고 그 옷을 공장과 가게로 배달하는 과정에서 이산화탄소도 많이 나와요.

하지만 사람이 옷을 입지 않을 수는 없죠. 그래서 요즘 옷 만드는 회사들은 물을 덜 사용하고 이산화탄소도 이전보다 적게 나오도록 하는 방법을 많이 연구하고 있어요. 그런데 문제는 지구에 사람이 너무 많고, 그 모든 사람에게 옷이 필요하다는 사실이에요. 우리나라 사람에게는 겨울옷이랑 여름옷이 필요하고, 봄가을에 입을 옷도 따로 있어야 하죠. 여러분처럼 몸이 커져서 예전에 입던 옷이 작아지는 사람도 많을 거고요.

그래서 중요한 건 옷을 아껴 입어야 하고, 작아진 옷을 함부로 버리기보다는 잘 활용할 수 있는 방법을 찾아보는 겁니다. 옷을 안 만들 수는 없으니까 아껴 입어서 너무 많이 만들지 않게 하자는 거예요.

다른 사람이 입었던 옷을 받아서 입는 게 싫다고 생각할 수도 있어요. 하지만 세상에는 내가 입었던 옷이 꼭 필요한 곳도 있어요. 반드시 누군가가 다시 입지 않아도 괜찮아요. 옷을 그냥 버려서 태우거나 땅에 묻지 않고, 섬유를 재활용해서 다른 물건을 만들 수도 있거든요.

사람들이 입었던 옷을 가져오면 모아서 좋은 곳에 쓰는 가게가 많아요. 입지 않는 옷만 따로 모아 두는 '의류 수거함'도 동네마다 대부분 있고요. 쓰레기를 많이 버리면 안 되고, 재활용품은 잘 분리해야 한다고 했잖아요. 입지 않는 옷은 그냥 쓰레기가 아니라 상자나 종이처럼 다시 사용할 수 있습니다. 옷장 속에서 안 입는 옷을 찾아보고, 그 옷을 어디에 보내면 좋을지 생각해 보세요.

 의류 수거함의 수거 조건

 의류 수거함에 모인 옷은 상태가 좋으면 세탁하고 수선해서 다시 만들어 중고로 유통되기도 하고 해외로 수출되기도 한다. 그래서 제품의 상태가 괜찮아 다른 사람이 입을 수 있는 것만 의류 수거함에 넣어야 한다. 오염이 심하거나 찢어져서 입을 수 없는 상태면 종량제 봉투에 버리자. 신발과 모자, 가방, 담요, 커튼 같은 것들도 심하게 손상되지 않고 위생 상태가 나쁘지 않은 경우라면 의류 수거함에 넣으면 된다. 하지만 이불이나 베개, 방석, 쿠션은 넣으면 안 된다. 지역이나 의류 수거함을 설치한 주체에 따라 수거 품목이 다를 수 있으니 미리 확인하고 넣어야 한다.

4 분리수거 실천 방법

쓰레기는
왜 나눠서
버려야 하나요?

── 쓰레기 분리배출

여러분 집에는 쓰레기통이 몇 개나 있나요? 여러분도 거기에 쓰레기를 버려 봤죠? 가장 최근에 버린 물건은 뭐였는지 생각해 보세요. 그건 무엇으로 만들어진 물건이었나요?

  종이나 음료수 캔 같은 재활용품을 따로 모으는 곳도 있죠? 쓰레기통에 버려야 하는 물건이 있고, 재활용품 버릴 때 함께 모아서 버려야 하는 물건도 있어요. 어떤 물건을 어디에 버려야 하는지 잘 알고 있나요? 혹시 잘 모르겠으면 가족들에게 물어보세요. 그런데 버리는 물건들을 왜 한꺼번에 모으지 않고 여기저기 나눠서 버릴까요?

쓰레기를 집 밖으로 내놓을 때는 쓰레기를 담는 봉투에 따로 담아서 내놓습니다. 여러분 집에도 그런 봉투가 있을 거예요. 질기고 단단해서 잘 안 찢어지는 튼튼한 비닐 봉투죠. 그 봉투를 찾아서 한번 직접 만져 보세요. 거기에 쓰레기를 담는 거예요.

사람들이 쓰레기를 버리면 크게 두 가지 방법으로 나누어서 처리해요. 불에 태우거나 땅에 묻는 경우가 있고, 그 쓰레기를 재활용해서 다시 쓰는 경우가 있어요.

태우거나 묻는 물건에 대해서 먼저 설명할게요. 좀 전에 만져 봤다면, 그 봉투에 담긴 쓰레기는 대부분 불에 태우고 남은 재를 땅에 묻어요. 그래서 불에 잘 타지 않는 쓰레기는 따로 버리는 게 좋아요. 밥그릇이나 꽃이 담긴 화분 같은 물건이 깨져서 버려야 한다면, 그런 것들은 불에 잘 타지 않으니까 그 비닐봉투에 담지 말고 따로 버려야 해요. 불에 탈 수 있는 쓰레기, 그러니까 더러운 걸 닦은 휴지 같은 물건은 쓰레기봉투에 버리면 되고요.

불에 태우지 않고 재활용해서 다시 쓰는 것들도 있어요. 종이나 음료수 캔, 플라스틱으로 만든 병 같은 것들이에요. 다시 쓴다는 건 그 종이나 그릇을 깨끗이 씻어서 또 쓴다는 뜻은 아니에요. 그 물건을 잘게 부수거나 여러 처리 과정을 거쳐서, 그걸 재료 삼아 새로운 물건을 만드는 거예요. 그래서 재활용품은 불에 태워 땅에 묻어 버리는 쓰레기봉투에 넣지 않고, 따로 모아서 버리는 거예요.

쓰레기를 넓은 곳에 다 모아 놓고 한 번에 모두 불태우면 편리한데, 왜 이렇게 할까요? 그건 사람들이 쓰레기를 너무 많이 버려서 그래요. 불태울 때 나는 연기에는 몸에 안 좋은 물질이 섞여 있을 수도 있고, 재를 계속 땅에 묻어 버리면 나중에는 묻을 곳이 남지 않을 수도 있거든요.

여러분 방에 향기 좋은 캔들 워머를 계속 켜 놓고 책이나 장난감을 매일 집어넣는다고 생각해 보세요. 처음에는 기분 좋은 냄새가 나겠지만 계속 켜 두면 나중에는 냄새가 너무 심하고, 책이나 장난감도 처음에는 괜찮지만 계속 쌓아 놓으면 나중에는 물건 둘 공간이 없어지겠죠? 우리가 사는 지구도 마찬가지예요.

그래서 불태우지 않고 재활용할 수 있는 물건은 전부 모으고, 불에 타지 않는 물건들도 따로 모으고, 불에 태워서 땅에 묻을 수 있는 쓰레기만 봉투에 담아 버려야 해요.

여러분이 그런 물건들을 따로 나누지 않고 한꺼번에 버린다고 생각해 보세요. 다른 사람이 여러분 대신 쓰레기를 뒤져서 나누려면 얼마나 힘들겠어요? 더구나 여러분 집에서만 쓰레기를 버리는 것도 아니잖아요. 옆집에서도, 여러분 친구 집에서도, 동네의 모든 집에서 크고 작은 쓰레기들이 나오거든요. 집

에서 버릴 때부터 잘 나눠 놓지 않으면, 쓰레기를 치워 주시는 분들이 그걸 모두 나누기가 힘듭니다.

앞으로 쓰레기를 버릴 때는 재활용할 수 있는 물건인지, 아니면 불에 태워서 땅에 묻을 수 있는 물건인지 꼭 알아보고 버리세요. 그리고 잘 모으고 나눠서 따로따로 버려 주세요. 그래야 청소하시는 분들이 덜 힘들고, 우리가 사는 지구도 깨끗해질 수 있거든요.

분리수거와 재활용, 같은 의미일까?

분리수거는 환경과 지구를 이롭게 하는 일이다. 우리나라는 최고 수준의 분리수거를 하는 나라라고 하는데, 우리가 분리수거하는 '플라스틱', '유리', '종이', '고철' 등이 모두 재활용되는 것은 아니다. 우리나라에서 분리수거를 가장 많이 하는 자원은 '종이류'지만, 실질적으로 얼마만큼의 양이 재활용되는지는 통계 자료가 없어서 확인할 수 없다. 그리고 가장 많이 쓰고 가장 열심히 분리수거하는 플라스틱 컵의 재활용률은 겨우 5% 정도라고 한다. 재활용률이 높은 것은 '스틸(강철)'이다. 스틸 제품은 이물질이 붙어 있어도, 찌그러지거나 부서져 있어도 재활용이 가능한 소재다. 스틸의 재활용률은 무려 85%가 넘고, 자동차에 쓰인 스틸은 적어도 90% 이상 재활용된다고 한다.

분리수거한 자원들이 다 재활용되지는 않지만, 그래도 우리는 분리수거를 열심히 해야 한다. 분리수거를 잘하면 불에 태우거나(소각) 땅에 묻는(매립) 비율을 줄이고 재활용하는 비율을 더 높일 수 있기 때문이다.

4 분리수거 실천 방법

깨진 그릇은
어떻게 버릴까요?

— 깨진 유리나 도자기 그릇 버리는 법

오늘은 깨진 그릇을 어떻게 버리는지 알려 드릴게요. 컵이나 그릇이 깨지는 걸 본 적 있나요? 넘어뜨리거나 떨어뜨려도 안 깨지는 안전한 그릇도 있지만, 조심하지 않으면 깨지는 것들도 많아요. 유리로 된 컵이나 어른들이 자주 쓰는 접시 같은 것들은 잘못하면 깨질 수 있어요.

제일 중요한 건, 컵이나 그릇이 깨지면 함부로 만지면 안 된다는 거예요. 뾰족한 조각들에 찔려서 다칠 수 있어 위험해요. 그러니까 그릇을 깨뜨렸으면 우선 다른 가족에게 말하고 도와 달라고 하세요. 놀라고 당황해서 맨손으로 그냥 만지지 말고요. 깨진 그릇을 치울 때는 커다란 조각뿐만 아니라 잘게 부서진 조각들까지 아주 깨끗하게 청소해야 해요. 왜냐하면 나중에 바닥에서 유리나 사기 조각을 밟을 수도 있으니까요. 발에 조각이 박히면 아프기도 하고, 너무 작아서 빼내지 못하면 병원에 가서 빼야 할 수도 있어요.

그러면 깨져서 위험한 그릇 조각들은 어떻게 버리면 될까요? 이런 조각들은 쓰레기를 버리는 비닐(종량제) 봉투에 넣으면 안 돼요. 두 가지 이유 때문이에요. 하나는 얇은 비닐이 찢어져서 쓰레기를 옮기다 다칠 수 있고, 또 하나는 쓰레기를 모아서 불에 태워야 하는데 유리 같은 깨진 조각들은 불에 잘 타지 않거든요.

쓰레기를 버리는 데는 크게 두 가지 방법이 있어요. 종량제 봉투에 담아서 버리거나 플라스틱 같은 물건을 재활용으로 내놓는 거예요. 집에서 나오는 쓰레기들은 이 두 가지 방법으로 버리는 게 제일 많거든요. 종량제 봉투에 담은 쓰레기는 태운 다음 땅에 묻고, 재활용품으로 버려진 것들은 전부 모아서 다른 물건을 만들 때 재료로 사용해요.

그런데 가끔 이 두 방법 말고 다른 방법으로 버리는 쓰레기가 있어요. 식탁이나 책상, 소파, 침대 같은 커다란 가구나 텔레비전이나 냉장고, 세탁기 같은 가전제품을 버릴 때는 봉투나

재활용 수거함이 아니라 '대형폐기물 스티커'를 붙여서 따로 버려야 하거든요. 유리나 깨진 그릇도 종량제 봉투에 넣는 것이 아니라 다른 방법으로 버려야 하고요.

깨진 그릇은 위험하고 불에 타지도 않는다고 했잖아요. 그래서 쓰레기를 가져가는 분들이 다치지 않게, 불에 태우지 않을 수 있게 버려야 해요. 재활용품으로 버리면 안 되고요. 플라스틱은 모두 녹여서 다른 재료로 만들어 쓸 수 있는데, 깨지고 부서진 그릇 조각들은 그렇게 하기가 어렵거든요.

도자기나 유리그릇을 버리는 방법을 알아보려면 '불연성 종량제'라는 단어를 알아야 합니다. '불연성'이란 '불에 타지 않는 성질'이라는 뜻이고, 종량제는 '정해진 양만큼만 버린다'는 뜻이에요. 쓰레기를 버릴 때 종량제 봉투를 사서 정해진 만큼만 버리잖아요? 그것처럼 깨진 그릇도 전용 봉투를 사서 거기에 담아 버려야 한다는 얘기예요.

깨진 그릇이나 유리를 버리는 봉투는 비닐이랑 달라요. 아주 두껍고 질기고 튼튼해요. 잘 찢어지지도 않고요. 날카로운 조각을 버렸는데 그게 봉투를 뚫고 나오면 들고 가는 사람이 다칠 수 있으니까요. 그래서 그릇이 깨지면 깨진 그릇을 버리는 봉투를 사서 버려야 합니다. 그런 봉투는 '특수규격 쓰레기봉투(마대)' 또는 '불연성 쓰레기봉투(마대)'라고 해요. 여러분이 사는 동네 구청 같은 곳에 물어보면 그런 봉투를 어디서 파는지 알려 줄 거예요.

　나중에 혹시라도 그릇을 깨뜨린다면, 위험하니까 함부로 만지지 말고 일반 쓰레기봉투 대신 다른 봉투에 담아서 버린다는 사실을 꼭 기억하세요.

🍃 불연성 종량제 봉투에 버릴 수 있는 쓰레기

불에 타지 않는 폐기물은 특수 규격 마대(봉투)에 담아서 버려야 한다. 그런 봉투를 '불연성 마대' 또는 '불연성 종량제 봉투', '불연성 폐기물 봉투'라고도 하고, '불연성 폐기물 특수 마대'라고 부르기도 한다. 지역에 따라 주민센터에서 판매하는 곳도 있고, 철물점 등에서 팔기도 한다. 깨진 유리, 깨진 형광등, 도자기, 화분, 사기그릇, 유리컵, 칼, 연탄재 등은 불에 타지 않으므로 불연성 쓰레기봉투에 담아서 버려야 한다. 특히 형광등에는 수은 같은 유독 물질이 들어 있기 때문에 깨진 형광등은 신문지 등으로 감싸서 다치지 않게 버려야 한다. 이런 봉투가 있다는 사실을 잘 몰라서 일반 종량제 봉투에 담아 버리는 사람이 많은데, 자칫하면 과태료를 물어야 할 수도 있으니까 주의해야 한다. 봉투는 지자체별로 색이나 가격이 다르고, 용량에도 차이가 있다.

4 분리수거 실천 방법

택배 상자

열어 봤나요?

— 골판지 등 상자류 분리배출

집에 택배 오는 날이 있죠? 가족 중에 누가 필요한 물건을 사면 집 앞으로 배달해 주잖아요. 여러분은 혹시 문 앞에 놓인 택배 상자를 가지러 나가 본 적이 있나요? 아니면 택배를 받아서 상자를 직접 열어 본 적은요?

택배 상자를 열 때는 손을 다치지 않도록 조심하세요. 테이프를 떼려고 칼이나 가위를 사용하다 손을 다치기도 하거든요. 상자 모서리나 안에 들어 있는 물건의 날카로운 부분에 찔릴 수도 있고요. 물건을 꺼내다 떨어뜨려서 깨지거나 망가지는 경우도 생기죠. 그러니까 택배 상자를 받으면 서두르지 말고 천천히, 꼭 조심해서 열어 보세요.

택배 상자를 열어 주문한 물건을 꺼내고 나면 중요한 일이 남아요. 어떤 사람들은 필요한 물건만 꺼내고 택배 상자는 그냥 아무렇게나 버리는데, 그렇게 하면 안 돼요. 상자는 잘 정리해서 따로 모아 버려야 하거든요.

택배는 비닐 봉투에 담겨 오기도 하고, 하얀색 스티로폼 통에 담겨 오기도 하는데, 가장 많은 건 갈색 종이 상자에 담겨 오는 것일 거예요. 아마 여러분도 보면 바로 알 거예요. 크기나 모양은 달라도 색깔은 비슷한 택배 상자를 자주 봤을 테니까요. 지금 집에 그런 상자가 버려져 있을 수도 있고요.

상자는 종이로 만들어요. 그래서 다른 쓰레기랑 같이 버리지 말고 모아서 버려야 해요. 상자를 만들 때 쓰는 종이는 따로 모아서 버리면 한 번 더 쓸 수 있거든요. 그 상자를 그대로 다시 쓰는 건 아니고, 버려진 상자를 가지고 또 다른 종이를 만드는 거예요.

그런데 종이를 만들 때는 종이만 있어야 돼요. 딱딱한 물건이 들어가거나 끈적끈적한 게 붙어 있으면 다른 종이를 만들 수 없거든요. 그래서 택배 상자를 버릴 때는 다른 건 전부 떼어 내고 종이 부분만 남겨야 해요.

상자에 종이 말고 다른 게 뭐가 있을까요? 자세히 보면 여러

가지가 있어요. 테이프가 붙어 있으면 떼어 내고, 우리 집 주소나 가족 이름이 적힌 스티커도 다 떼어야 돼요. 두껍고 큰 상자 중에는 네모꼴을 잘 잡으려고 철로 된 딱딱한 핀 같은 걸 꽂아 둔 경우도 있는데, 이런 핀도 모두 뽑아야 해요. 그런데 핀은 뾰족해서 뽑다가 다칠 수 있으니까 꼭 다른 가족에게 빼 달라고 하세요.

상자에서 테이프를 다 뗐으면 상자를 모두 펴요. 물건 꺼낼 때 열었던 윗부분 말고 아래쪽도 다 열어서 접으면 납작하게 펼 수 있어요. 그렇게 접은 뒤에 이전에 버렸던 상자들과 모아서 같이 버리면 됩니다.

테이프나 스티커를 떼어 내는 건 종이만 남기기 위해서예요. 딱딱한 핀을 빼는 것도 종이만 모으기 위해서고요. 종이만 모아서 내놓아야 그걸 가지고 다른 종이를 또 만들 수 있거든요. 상자를 그냥 버리면 커다란 쓰레기가 되는데, 잘 모아서 다른 종이로 만들어 한 번 더 쓰면 쓰레기를 줄일 수 있지요.

집에 모아 둔 상자가 있나요? 아니면 기다리는 택배라도 있어요? 상자에서 물건을 꺼내고 나면, 종이 말고 다른 게 붙어 있는지 잘 살펴보세요. 다른 게 있으면 가족이랑 같이 깨끗하게 떼어 보세요. 그러면 쓰레기를 줄일 수 있답니다.

재활용과 새 활용의 차이

'재활용'은 한 번 썼던 물건 또는 낡거나 못 쓰게 되어 버린 물건을 용도를 바꾸거나 손질을 해서 다시 쓰는 것이다. 재활용은 쓰레기 처리량을 줄이고, 자원과 에너지를 절약하며, 생활 환경의 오염을 방지하는 데도 큰 역할을 하므로 우리나라에서는 재활용을 의무화해 분리수거를 권장하고 있다.

'새 활용'은 재활용할 수 있는 폐품을 새롭게 디자인하거나 활용 방법을 바꿔 새로운 가치를 지닌 제품으로 재탄생시키는 것이다. '업사이클' 또는 '업사이클링Upcycling'이라고도 부른다. 포장 상자의 크기나 디자인을 바꿔 수납함으로 만들거나 페트병 또는 재활용 의류를 이용해 옷이나 가방을 만드는 것 같은 경우다.

4 분리수거 실천 방법

겨울 간식과 크리스마스트리⋯ 어떻게 버리나요?

─ 포장재와 오염된 종이 분리배출

어떤 계절을 가장 좋아하세요? 저는 눈 오는 겨울을 좋아합니다. 여러분은 겨울이 되면 뭐가 좋은가요? 하얀 눈이 내려서 집 앞에 예쁘게 쌓이면 좋을까요? 눈사람을 만들 수 있고, 크리스마스 선물도 받을 수 있으니까 좋겠죠? 〈겨울왕국〉 같은 애니메이션 영화를 다시 보는 것도 재미있겠네요. 또 집에 크리스마스트리 장식을 해 놓아도 예쁘고요.

혹시 붕어빵이나 호떡 같은 간식은 어때요? 좋아하나요? 여름에는 더워서 뜨거운 음식을 잘 안 먹지만, 겨울에는 따뜻한 음식을 먹으면 기분이 좋아지거든요. 김이 모락모락 나는 겨울 별미 호빵도 맛있죠. 고구마를 찌거나 구워서 먹는 것도 괜찮고요.

이런 간식들은 집에서 만들어 먹었나요, 아니면 밖에서 사 먹었나요? 언제 먹었던 게 제일 맛있었는지 생각해 보세요. 간식을 자주 먹으면 배불러서 밥을 잘 못 먹으니까 너무 많이 먹지는 말고요.

먹고 나서 쓰레기는 어떻게 했는지 기억나요? 속이 잘 보이는 얇은 비닐에 담겨 있거나, 아니면 간식을 담은 하얀 종이가 있었을 거예요. 어쩌면 검은색 비닐 봉투에 담아서 가져왔을 수도 있고요. 혹시 예전에 크리스마스트리 만들어 본 적 있으면, 트리 만들고 남은 재료는 어떻게 했는지도 생각해 보세요.

여러분은 집에서 쓰레기 분리수거를 해 봤나요? 종이나 비닐, 플라스틱은 따로 버리거든요. 혹시 안 해 봤으면 다음번 분리수거할 때 가족이랑 해 보세요. 뭐가 비닐이고 뭐가 플라스틱인지도 잘 살펴보고요.

호떡이나 붕어빵 같은 간식은 밖에서 사 오면 대부분 종이봉투에 담아 줘요. 종이는 일반 쓰레기가 아니어서 따로 버리니까 이 종이도 같이 분리수거하면 되겠죠? 아니요, 아니에요. 이 종이는 따로 버려야 돼요. 왜냐하면 간식을 만들 때 넣은 기름이나 소스 같은 게 종이에 묻어 있어서 그래요.

하얀 종이에 호떡이나 붕어빵을 넣어 두었다가 나중에 꺼내 보면, 종이가 물 묻은 것처럼 축축해지고 색깔도 변했을 거예요. 간식에 있던 기름기가 종이에 스며들어서 그래요. 먹을 게 묻어 있는 종이는 재활용할 수 없으니까, 그냥 쓰레기로 버려야 됩니다.

비닐을 버릴 때도 똑같아요. 깨끗한 비닐은 분리수거를 하는데요, 먹을 게 묻어 있으면 물로 헹궈서 버리세요. 너무 많이 묻어서 닦아도 없어지지 않을 것 같으면 그 비닐도 재활용이 안 되니까 그냥 쓰레기로 버리고요. 그러니까 먹는 걸 담아서 양념이나 기름이 묻은 비닐은 쓰레기로 버리고요, 크리스마스트리 재료가 담겨 있던 비닐이면 다른 비닐이랑 같이 모아서 버리는 게 좋아요.

목마를 때 물 마시면 시원하죠? 주스를 한 잔 마셔도 맛있고요. 그런데 물이랑 주스를 섞어 마시면 어떨까요? 맛이 좀 이상하겠죠? 그것처럼 비닐이나 플라스틱을 분리수거할 때도 비닐은 비닐끼리, 플라스틱은 플라스틱끼리 모아야 해요. 다른 것과 섞이면 플라스틱이 이상해져서 재활용이 안 되거든요. 기름이나 먹을 게 묻어 있는 종이나 비닐 봉투들도 재활용이 안 되고요. 그러니까 이런 건 앞으로 따로 버리세요.

스티로폼 분리수거법

　스티로폼(발포합성수지)은 일상생활에서 보온용, 완충재 등으로 다양하게 활용된다. 크기에 비해 무게는 적게 나가지만, 부피가 크다 보니 보관하기가 쉽지 않아 일반적으로 분리배출하는 경우가 많은 쓰레기다. 스티로폼은 플라스틱 용기류, 비닐류와 구분해 별도로 마련된 수거함에 배출해야 한다. 내용물을 비우고 물로 헹구는 등 이물질을 깨끗하게 없애고, 상표나 테이프, 택배 송장 등 스티로폼과 다른 재질은 제거한 뒤에 배출한다. 스티로폼 상자뿐 아니라 컵라면 용기 재질의 스티로폼이나 완충재용 작은 스티로폼, 사과나 배 등을 감싸고 있는 스티로폼 포장재도 재활용할 수 있다. 다만 크기가 작고 가벼워서 바람에 날릴 수 있고 재활용 선별장에서 선별하기 어려우니, 낱개가 아니라 적당량을 모아서 투명한 비닐에 담아 배출하는 것이 좋다. 그리고 텔레비전 등 전자제품을 구입할 때 완충재로 사용되는 발포합성수지 포장재는 될 수 있으면 구입한 곳으로 반납하는 게 좋다. 참고로 건축자재용 스티로폼은 산업폐기물이다.
　스티로폼의 분리수거 기준은 지역마다 다르다고 하니 지자체에서 규정하는 자세한 기준을 따라야 한다.

속보! 환경뉴스, 지금 시작합니다

초판 1쇄 발행 2022년 11월 30일
초판 2쇄 발행 2023년 8월 1일

그린포스트코리아 **글 · ** 최명미 **그림**

펴낸이 김현태
펴낸곳 책세상어린이
등록 2021년 1월 22일 제2021-000032호
주소 서울시 마포구 잔다리로 62-1, 3층(04031)
전화 02-704-1251
팩스 02-719-1258
이메일 editor@chaeksesang.com
광고 · 제휴 문의 creator@chaeksesang.com
홈페이지 chaeksesang.com
페이스북 /chaeksesang   **트위터** @chaeksesang
인스타그램 @chaeksesang   **네이버포스트** bkworldpub

ISBN 979-11-5931-873-3 73400

· 잘못되거나 파손된 책은 구입하신 서점에서 교환해드립니다.
· 책값은 뒤표지에 있습니다.
· 책세상어린이는 도서출판 책세상의 아동 · 청소년 브랜드입니다.